1 Ernährung bei Milz - Qi Mangel

Diese Empfehlungen bitte immer mit dem TCM-Ernährungsberater/in, oder TCM-Arzt/in absprechen! Die Rezepte und Zutatenlisten unterstützen die Therapien nach der Traditionellen Chinesischen Medizin.

Die Kalorienangaben frischer Zutaten (Obst und Gemüse) schwanken je nach Qualität und Erntezeit. Die Inhalte wurden von einer Diätologin und einer Ernährungsberaterin für die Traditionelle Chinesische Medizin (TCM) geprüft.

Autor:
©2016 Josef Miligui
www.ebns.at

Titelfoto:
©2008 Erika Weixlbaumer

Quelle:
Die Listen werden aus der TCME-Datenbank für die Ernährungsberatung generiert. Die Datenbank wird von Ernährungsberater, Therapeuten, Ärzte und Gastronomiebetrieben für die Beratung der Patienten/Klienten und Gästen verwendet.

Literaturliste:
Wir haben die Unterlagen als Wissensbasis genutzt und an unsere Erfahrungen angepasst und ergänzt.
http://ebns.at/index.php/de/datenbank/literaturliste

Herstellung und Verlag:
BoD – Books on Demand, Norderstedt

ISBN
978-3-8391-6887-5

2 Definition der möglichen Symptome

Befragen
Abdomen (Bauch)
  Völlegefühl, Blähungen, Verdauungsstörungen
Appetit
  Appetitmangel (kein Gusto)
Energie
  Müdigkeit, Schwäche, schwache Gliedmaße, dünne Muskeln
  Schweregefühl in den Extremitäten
Epigastrium (Oberbauch)
  Engegefühl
Gewicht
  Übergewicht - hartnäckig
  Gewichtsverlust
Kälteempfinden
  Schnell frieren
Stuhl
  Weiche Stühle
Verdauung
  Übelkeit
Betrachten
Gesicht
  Bleich, fahl, gelblicher Taint
Kopf
  Dumpfer Kopf

Pulsdiagnostik
Puls
  Leer

Zungendiagnostik
Zunge
  Blass oder normal
  Schlaff, geschwollen, Zahneindrücke

3   Therapiestrategie

MilzQi stärken, Magen Qi bewegen und nach oben bringen. - warm/ neutral/ erfrischend - wenig heiß / kalt - nein

4   Vermeiden

Schlechten Ernährungsstil, kalte Getränke, kein Fleisch 4 Std. vor dem Schlafen, zu viel Brot, Müsli, zu viel Rohkost, kalte Speisen/Getränke, Milchprodukte, Südfrüchte, Fruchtsäfte, denaturierte Nahrung, Fabrikzucker, frittiertes, paniert u. fett

5   Speiseplan

Kalorien

5.1   Frühstück

Adzukibohnen-Reis-Suppe 199
Apfelmus mit Rosinen 73
Champignonreis 410
Curryreis mit Rosinen und Nüssen 275
Dicke Erbsensuppe für den Winter 123
Dinkelgrieß-Brei mit Beeren der Saison 243

5.2   Jause

5.3   Mittag

5.4   Nachmittag

5.5 Abend

5.6 Jederzeit

6 Rezepte

empfehlenswert = Sie können mehr verwenden, weniger = wenn
möglich weniger verwenden.
TL=Teelöffel, EL=Esslöffel, L=Liter, g=Gramm
M=Metall, W=Wasser, H=Holz, F=Feuer, E=Erde.
(Die Kochanleitung nach den Elementen finden Sie im Kapitel
„Rezepte" am Ende des Buches.)

6.1 Acht Schätze Reis

Stärkt Niere und Blase, Baut Qi auf, Stärkt die Milz, Vertreibt
Feuchtigkeit, reduziert innere Hitze, beugt Krebs vor, baut Herz auf,
beruhigt Nerven.
Kalorien p. Portion 212
Kochdauer ca. 1 Stunde
Thermische Wirkung: neutral

Menge	Zutaten		
1 EL	Lilienzwiebel	empfehlenswert	
1 EL	Longane	ja	
1 EL	Weißwurz		
1 EL	Yamswurzel, Yamswurzelknolle		
1 EL	Hiobsträne (Samen) YiYi Ren	wenig	
1 EL	Makannasternsamen		
2 Tassen	Reis Wilder (Naturreis)	ja	M
8-10 Tassen	Wasser	ja	E

Kochanleitung:
Je 1 EL: Bai He (Lilienzwiebel), Longan
(Longane/Drachenaugenfrucht), Yu Zhu (Wohlriechender Weißwurz-
Wurzelstock), Da Zao, Shan Yao (Yamswurzel, Yamswurzelknolle),
Lian Mi, Yi Yi Ren (Samen der Hiobsträne), Qian Shi
(Makannasternsamen) Mit heißem Wasser übergießen und ca. 30 Min

einweichen. Anschließend: 1 – 2 Tassen Reis (normal) hinzufügen und
½ bis 1 Stunde köcheln, bis der Reis sehr weich ist. Oder: Mit
Vollwertreis ca. 3 Stunden lang mit den Kräutern ein Congee kochen.
Dann müssen die Kräuter nicht eingeweicht werden.

6.2 Adzukibohnen-Reis-Suppe

Reduziert Feuchtigkeit, leitet nach unten, reduziert Magen-Darm-Hitze,
baut Essenz auf, stärkt Muskeln nach Hitze-Erkrankung: baut
Körpersäfte auf.
Kalorien p. Portion 199
Kochdauer ca. 2 Sunden
Thermische Wirkung: neutral

Menge	Zutaten		
8 EL	Adzukibohnen	wenig	W
2 EL	Reis Rundkornreis	empfehlenswert	M
2 Tassen	Wasser	ja	E
1 EL Honig	wenig		E

Kochanleitung:
Eingeweichte Adzukibohnen und Rundkornreis im Verhältnis 4:1 so
lange bei kleiner Hitze in Wasser kochen, bis ein dünner Brei
entstanden ist. Nach Bedarf süßen; eventuell pürieren.
Wirkung: Dieses Rezept kräftigt Niere, Milz und Magen und ist
besonders für Mütter mit zu wenig Milchfluss geeignet

6.3 Andalusischer Fischtopf

Stärkt Qi von Milz und Nieren, leitet nach unten, entspannt, baut Qi auf.
Kalorien p. Portion 347
Kochdauer ca. 30 Min. (+Grundrezept)
Thermische Wirkung: neutral

Menge	Zutaten		
500 ml.	Grundrezept für eine Gemüsebrühe	empfehlenswert	
2 Stück	Zwiebel Frühlingszwiebel	ja	M
1 EL	Olivenöl	wenig	E
1/2 Stück	Zitrone Schale	wenig	F
1 Stück	Lorbeerblatt		M
200 g	Kartoffel	ja	E
300 g.	Kabeljau	ja	W
4 EL	Weißwein	ja	H
1/2 EL	Zitrone Saft	weniger als angegeben	H
1 Prise	Salz	wenig	W
1 Prise	Pfeffer (gemahlen)	empfehlenswert	M
1 EL	Petersilie	empfehlenswert	H
8 Scheiben	Weißbrot (Weizenbrot)		H

Kochanleitung:
Gemüsebrühe mit kleingeschnittenen Frühlingszwiebel, Olivenöl, abgeriebener Zitronenschale und Lorbeerblatt zum Kochen bringen. Brühe zugedeckt 10 Minuten kochen. Geschälte, kleingewürfelte Kartoffeln dazugeben und in ca. 8 Minuten fast weich kochen. Fischstücke und Weißwein dazugeben und auf kleine Hitze schalten. In der leicht kochenden Brühe in wenigen Minuten den Fisch gar ziehen lassen. Mit Zitronensaft, Salz und Pfeffer abschmecken. Mit Petersilie bestreut servieren.
Weißbrot als Beilage reichen.

6.4 Apfelmus mit Rosinen

Nährt Säfte, reduziert Magenhitze, stärkt Milz, harmonisiert Magen. Befeuchtet, entspannt, baut Qi auf.
Kalorien p. Portion 73
Kochdauer ca. 25 Min.
Thermische Wirkung: kühl

Menge	Zutaten		
1 Kg	Apfel (süß)	ja	E
100 ml.	Wasser	ja	E
50 g.	Rosinen	empfehlenswert	E

Kochanleitung:
Die Äpfel waschen, schälen, vierteln und dabei das Kerngehäuse entfernen. Die Äpfel mit dem Wasser in einen Topf geben. Die Rosinen mit heißem Wasser waschen und dazugeben. Bei schwacher Hitze etwa 10 Minuten dünsten, dann abkühlen lassen. Für Kinder bis zu 10 Monaten das Mus im Mixer fein pürieren. Für die Größeren mit dem Kartoffelstampfer zerdrücken. In Tiefkühlbeutel oder in leere Joghurtbecher füllen und verschließen. Die Joghurtbecher verschließen. Im Schockgefrierfach einfrieren und bei Bedarf bei Zimmertemperatur etwa 6 Stunden auftauen lassen. (Ca. 4 Monate haltbar).
Das Obstmus ist als Nachtisch oder Zwischenmahlzeit gedacht. Es wirkt verdauungsfördernd. Bei Durchfall lieber Bananenmus geben.

6.5 Belugalinseneintopf mit Gemüse

Tonisiert Qi und Blut, stärkt Nieren und Milz, leitet Feuchtigkeit aus.
Kalorien p. Portion 201
Kochdauer ca. 20 min.
Thermische Wirkung: warm

Menge	Zutaten		
2 Tassen	Linsen (Helmbohnen)	wenig	W
4-5 Tassen	Wasser	ja	E
3 Stück	Karotte (Mohrrübe, Möhre)	empfehlenswert	E
1 Stück	Lauch (Porree)	ja	M
1/2 Stück	Kohlrabi	empfehlenswert	E
2 Stück	Tomate	weniger als angegeben	H
1 Stück	Zwiebel weiss	ja	M
2 Blatt	Lorbeerblatt		M
1 Stück	Fenchel	empfehlenswert	E
2 Stück	Sternanis	empfehlenswert	M
6 Stück	Wacholderbeere	empfehlenswert	F
1 Prise	Chili (Schote oder gemahlen)	empfehlenswert	M
3 EL	Olivenöl	wenig	E
1 Prise	Salz	wenig	W
1/2 TL	Ingwer frisch	wenig	M
1 Prise	Schwarzkümmel	empfehlenswert	

Kochanleitung:

Öl in heißem Topf erhitzen. Zwiebel andünsten und gewürfeltes Gemüse und Gewürze, Linsen (gut gewaschen) und Salz dazugeben. Mit kaltem Wasser ausreichend (3 Fingerbreit) bedecken und 20 min auf kleiner Flamme kochen.
Mit frischen Kräutern und Schwarzkümmel bestreuen

Passt sehr gut zu Reis!

6.6 Champignonreis

Stärkt Milz, baut Qi auf, leitet Hitze nach unten. Stärkt Magen-Qi. Kühlt Bluthitze.
Kalorien p. Portion 410
Kochdauer ca. 30 Min. (+Grundrezept)
Thermische Wirkung: warm

Menge	Zutaten		
1 Stück	Zwiebel weiss	ja	M
2 Stück	Lorbeerblatt		M
2 Stück	Nelke	empfehlenswert	M
400 g.	Grundrezept für eine Gemüsebrühe	empfehlenswert	
200 g	Reis Vollkorn	empfehlenswert	M
60 g.	Champignon	wenig	E
20 g.	Petersilie	empfehlenswert	H
1 Prise	Pfeffer (gemahlen)	empfehlenswert	M

Kochanleitung:

Die Nelken in die Zwiebel stecken. Die Gemüsebrühe mit der Zwiebel und den Lorbeerblättern zum Kochen bringen. Den Reis in die kochende Flüssigkeit geben, Temperatur auf die kleinste Stufe zurückschalten und mit geschlossenem Deckel 20-25 Minuten garziehen.

In der Zwischenzeit die Champignons waschen, putzen, in Scheiben schneiden, mit wenig Wasser kurz andünsten oder anbraten. Die Petersilie waschen und fein hacken.

Aus dem fertigen Reis die Zwiebel herausnehmen, die Champignons und die Petersilie hinzugeben, mit Pfeffer abschmecken.

6.7 Champignonsalat mit Kresse

Kühlt Blut Hitze.
Kalorien p. Portion 220
Kochdauer ca. 5 Min.
Thermische Wirkung: kühl

Menge	Zutaten		
250 g.	Champignon	wenig	E
2 EL	Sesamöl	wenig	E
1 Prise	Pfeffer (gemahlen)	empfehlenswert	M
1 Prise	Salz	wenig	W
1/2 Stück	Zitrone	weniger als angegeben	H
2 Prisen	Rosenpaprika Pulver		F
2 EL	Kresse	wenig	M
2 Scheiben	Weißbrot (Weizenbrot)		H

Kochanleitung:
Champignons feinblättrig schneiden.
Dressing: Sesamöl, etwas gemahlenen Pfeffer, Salz, reichlich Zitronensaft, Rosenpaprika gut verrühren; .über die fein geschnittenen Champignons geben; reichlich Kresse untermengen.
Dazu passt: Weißbrot, Rundkornreis oder Quinoa; zusammen mit dem Getreide ergibt der Salat eine einfache, leichte Mahlzeit.
Dazu Weißbrot servieren.

6.8 Curryreis mit Rosinen und Nüssen

Nährt Säfte, reduziert Magenhitze, stärkt Milz, produziert Essenz, harmonisiert Magen. Reduziert Kälte-Übel, weicht Knoten auf. Stärkt Nieren Yang
Kalorien p. Portion 275
Kochdauer ca. 30 min.
Thermische Wirkung: neutral

Menge	Zutaten		
1 EL	Sonnenblumenöl	wenig	E
1 Stück	Zwiebel weiss	ja	M
1/2 TL	Curry	wenig	M
1 Tasse	Reis Wilder (Naturreis)	ja	M
1 Prise	Salz	wenig	W
1/8 Liter	Weißwein	ja	H
1 Prise	Rosenpaprika Pulver		F
2 Stück	Apfel (süß)	ja	E
2 EL	Rosinen	empfehlenswert	E
2 EL	Walnüsse	empfehlenswert	E
6 Tassen	Wasser	ja	E

Kochanleitung:

In einem heißen Topf Öl erhitzen; kleingeschnittene Zwiebeln glasig dünsten; Curry dazugeben und kurz aufschäumen lassen; dann rohen Reis einige Minuten bei sanfter Hitze unter ständigem Rühren anbraten; Salz, einen Schuß Weißwein oder Zitronensaft, Rosenpaprika, süße Äpfel kleingeschnitten, Rosinen, gehackte, geröstete Nüsse dazugeben; mit heißem Wasser übergießen, bis alles gut bedeckt ist; köcheln, bis der Reis gar ist.

Passt zu: Karotten-Fenchel-Gemüse, Hülsenfrüchten mit gekochtem Gemüse, geschnetzeltem Geflügel mit Ingwer und Pilzen.

6.9 Dicke Erbsensuppe für den Winter

Nährt Qi, diuretisch, harmonisiert Qi (v.a. im Mittleren und Unteren Erwärmer). Stärkt die Niere und das Abwehr-Qi; erwärmt. Leitet Feuchtigkeit aus.
Kalorien p. Portion 123
Kochdauer ca. 2-3 Stunden
Thermische Wirkung: warm

Menge	Zutaten		
150 g.	Erbse, grün	ja	W
600 ml.	Wasser	ja	E
1 EL	Sesamöl	wenig	E
1/2 Stück	Zwiebel weiss	ja	M
1/2 TL	Ingwer frisch	wenig	M
1/2 TL	Kümmel	empfehlenswert	E
1 EL	Hafer Schrot	empfehlenswert	M
1 Prise	Salz	wenig	W
1 Stängel	Petersilie	empfehlenswert	H

Kochanleitung:

Erbsen vorher einweichen; in einem heißen Topf Sesamöl, Zwiebel, etwas Haferschrot, Ingwer und Kümmel andünsten; Erbsen zugeben und 2-3 Stunden köcheln; am Schluss Salz zugeben; mit Petersilie garnieren.

6.10 Dinkelgrieß-Brei mit Beeren der Saison

Nährt Säfte, befeuchtet Trockenheit, Schwächezustände, produziert Körpersäfte, befeuchtet Darm, kühlt innere Hitze. Bewahrt die Säfte, zieht zusammen. Stärkt Mitte, nährt Herz und Leber-Blut, bewahrt die Säfte, zieht zusammen.
Kalorien p. Portion 243
Kochdauer ca. 15 Min.
Thermische Wirkung: neutral

Menge	Zutaten		
1/8 Liter	Kuhmilch (1,5 % Fett)	wenig	E
1/8 Liter	Wasser	ja	E
5 EL	Dinkel Grieß	empfehlenswert	H
2 TL	Butter Bio	weniger als angegeben	E
100 g.	Beeren der Saison		H
1-2 TL	Honig	wenig	E
1-2 TL	Mandeln		E
3-4 Blätter	Pfefferminze		M
1 Prise	Zimtpulver	empfehlenswert	M
1 Prise	Vanille	empfehlenswert	E
1 Prise	Kakao	empfehlenswert	F
1 EL	Kokosraspeln	ja	E

Kochanleitung:
Dinkelgrieß in kaltes Wasser einrühren und bei mittlere Hitze langsam aufkochen. Nach dem Aufkochen umrühren, vom Herd nehmen und einige Minuten quellen lassen. Je nach gewünschter Konsistenz ist eventuell noch etwas Wasser hinzufügen. Butter und geriebene Nüsse in den Brei einrühren und Himbeeren unterheben. Mit Honig oder Vollrohrzucker nach Belieben servieren.
Gewürze und Aromen: Frische Minze , Zimt oder Vanille, Kakao, Kokosraspel
Sommer : Himbeeren, Heidelbeeren, Erdbeeren

6.11 Fenchel mit gerösteten Walnüssen

Reguliert Qi, wärmt das Innere, senkt Kälte ab, stärkt Magen, lindert Obstipation, stärkt Nieren und Milz Yang, löst Schleim, reduziert Wind, verteilt. Zerstreut und bewegt Qi, befeuchtet, reduziert Kälte-Übel, weicht Knoten auf. Stärkt Magen-Qi.
Kalorien p. Portion 342
Kochdauer ca. 20 Min.
Thermische Wirkung: warm

Menge	Zutaten		
4 Stück	Fenchel	empfehlenswert	E
1 Prise	Muskatnuss	empfehlenswert	M
1/2 TL	Ingwer frisch	wenig	M
1 Prise	Salz	wenig	W
1/8 Liter	Weißwein	ja	H
1 Prise	Rosenpaprika Pulver		F
2 EL	Olivenöl	wenig	E
2 EL	Walnüsse	empfehlenswert	E
2 Tassen	Wasser	ja	E
1 Tasse	Mais Grieß (Polenta)	empfehlenswert	E
1 PriseSalz	wenig		W

Kochanleitung:

In einem Topf ganz wenig Wasser erhitzen; Fenchel in Streifen geschnitten kurz andünsten; Muskat, etwas Ingwer gerieben, Salz, einen Schuß Weißwein, Rosenpaprika dazugeben; dünsten, bis das Gemüse gar, aber noch knackig ist; etwas Olivenöl unterrühren; mit gerösteten Walnüssen bestreuen.

Die Polenta in einen Topf mit heißem Wasser unter ständigem Rühren einrieseln bis die Polenta die gewünschte Konsistenz hat. Salzen.

Die Polenta vom Feuer ziehen und ca 10 min quellen lassen.

6.12 Fenchel-Kartoffel-Auflauf

Reguliert Qi, wärmt das Innere, senkt Kälte ab, stärkt Magen, lindert Obstipation, stärkt Yang, löst Schleim, reduziert Wind, verteilt. Stärkt Qi, stärkt Milz, entspannt, baut Qi auf, verteilt.

Kalorien p. Portion 137

Kochdauer ca. 1 Stunde

Thermische Wirkung: warm

Menge	Zutaten		
200 g.	Fenchel	empfehlenswert	E
125 g.	Kartoffel	ja	E
100 ml.	Wasser	ja	E
1 TL	Butter Bio	weniger als angegeben	E
2 TL	Reismehl	empfehlenswert	M
1 TL	Sahne sauer 10%		H
1 Prise	Salz	wenig	W
1 Prise	Zucker Ursüße (Zuckerrohr) süß	wenig	E
1 Stück	Huhn Eigelb		E
1 Prise	Pfeffer Cayenne	empfehlenswert	M
1 Prise	Muskatnuss	empfehlenswert	M
1 TL	Petersilie	empfehlenswert	H
1 TL	Lauchzwiebel Schnittlauch	empfehlenswert	M
1 TL	Parmesan	wenig	E
1 TL	Butter Bio	weniger als angegeben	E

Kochanleitung:
Pellkartoffeln kochen, abkühlen lassen und schälen. Fenchel waschen, Stiele abschneiden und evtl. äußere Blätter entfernen. Fenchelgrün zurückhalten und später mit den anderen Kräutern zur Soße geben. Fenchelknollen ca. 15 – 20 Minuten dünsten. Danach Kartoffeln und Fenchel in Scheiben schneiden und schichtweise in eine gefettete Auflaufform geben. 100ml. Flüssigkeit aus Fenchelbrühe zum Kochen bringen und mit Mehl binden. Mit Meersalz, Cayennepfeffer, Zucker, Muskat und saurer Sahne abschmecken. Abkühlen lassen und mit Eigelb legieren. Die Soße über den Auflauf verteilen, mit Parmesan und fein gehackter Petersilie und Schnittlauch bestreuen. Alles bei ca. 200° C im Backofen eine halbe Stunde überbacken.

6.13 Fenchel-Reissuppe

Reguliert Qi, wärmt das Innere, senkt Kälte ab, stärkt Magen, lindert Obstipation, stärkt Yang, löst Schleim, reduziert Wind, verteilt. Stärkt Qi und Nieren-Jing, baut Qi auf.
Kalorien p. Portion 155
Kochdauer ca. 15-20 Min. (+Grundrezept)
Thermische Wirkung: warm

Menge	Zutaten		
300 ml.	Grundrezept für eine Reissuppe	empfehlenswert	
1/2 Stück	Fenchel	empfehlenswert	E
1 EL	Butter Bio	weniger als angegeben	E
1 Schuß	Sojasauce	wenig	W

Kochanleitung:
In der Reissuppe nach Grundrezept den Fenchel weich kochen. Vor dem Servieren einen Stück Butter und etwas Sojasoße zugeben.

6.14 Frühstück - Reis mit Früchten

Wärmt Magen und Milz, harmonisiert den Darm, stärkt Qi-Funktion, reduziert Feuchtigkeit. Bewahrt die Säfte, zieht zusammen. Nährt Säfte, befeuchtet Trockenheit in der Lunge, produziert Körpersäfte, befeuchtet Darm, kühlt innere Hitze.
Kalorien p. Portion 230
Kochdauer ca. 10 min. (+Grundrezept)
Thermische Wirkung: warm

Menge	Zutaten		
6 Tassen	Grundrezept für eine Reissuppe	empfehlenswert	
1/2 bis 1 Tasse	Kuhmilch (Vollmilch 3,5 % Fett)	wenig	E
1 EL	Honig	wenig	E
1 EL	Butter Bio	weniger als angegeben	E
1 EL	Datteln getrocknet	empfehlenswert	E
1 EL	Feige	ja	E
1 Stück	Apfel (sauer)	wenig	H
1/2 EL	Haselnüsse	empfehlenswert	E
1/2 EL	Mandeln		E
1 Prise	Zimtpulver	empfehlenswert	M

Kochanleitung:

Reis-Congee nach Grundrezept kochen oder vorgekochtes verwenden.
Mit der Milch flüssiger machen und mit Honig süßen.
Früchte und Nüsse in Butter anbraten und mit der fertigen Reissuppe
vermischen, kleingeschnittene Datteln, Feigen und den Apfel
dazugeben.

6.15 Gegrillte Lammkotletts mit Süßkatoffelpüre

Stärkt Milz- und Nieren-Yang, stärkt Qi, erwärmt Mittleren und Unteren
Erwärmer. Baut Herz und Adern auf. Fördert Magen-Milz-Harmonie.
Kalorien p. Portion 914
Kochdauer ca. 45 Min.
Thermische Wirkung: neutral

Menge	Zutaten		
6 Stück	Lamm Fleisch (Koteletts)	ja	F
2 Zehen	Knoblauch	wenig	M
2 EL	Rosmarin	empfehlenswert	F
1 Prise	Salz	wenig	W
2 EL	Olivenöl	wenig	E
300 g.	Süßkartoffel	ja	E
1 EL	Basilikum	empfehlenswert	M
100 g.	Sojabohnenmilch	ja	E
1 EL	Basilikum	empfehlenswert	M
1 Prise	Salz	wenig	W
1 Prise	Muskatnuss	empfehlenswert	M
1 Prise	Pfeffer (gemahlen)	empfehlenswert	M
2 Handvoll	Mangold	weniger als angegeben	E
2 Handvoll	Spinat	ja	E
2 Handvoll	Wirsing/Grünkohl		E
2 Handvoll	Weißkohl/Weißkraut		E
1 Handvoll	Kräuter verschiedene	ja	
2 EL	Olivenöl	wenig	E
1 Prise	Salz	wenig	W
1 Prise	Pfeffer (gemahlen)	empfehlenswert	M

Kochanleitung:

Lammkoteletts: Den Backofengrill auf ca. 180 Grad vorheizen und für das Einschubgitter eine Höhe wählen, dass die Koteletts etwa 8 bis 12 cm von der Wärmequelle entfernt sind. Die Koteletts von überschüssigem Fett befreien und in eine feuerfeste Form legen. Das Fleisch zunächst mit Knoblauch, dann mit der Rosmarin-Salz-Mischung einreiben und einige TL Olivenöl darüber verteilen. Die Lammkoteletts einmal wenden, damit sie beidseitig mit Öl überzogen sind, unter den Grill schieben und von beiden Seiten jeweils 5 bis 7 Minuten grillen beziehungsweise so lange, bis das Fleisch gut gebräunt ist.

Süßkartoffelpüree: Alle Süßkartoffeln schälen und in große Würfel schneiden, in Salzwasser weich kochen und abseihen. Im 100 °C heißen Rohr für einige Minuten ausdampfen lassen. Süßkartoffeln in der Küchenmaschine mit abgezupften Basilikumblättern kurz pürieren. Ca. 1/8 l Sojamilch mit Basilikum ein Mal aufkochen, dann etwas durchziehen lassen und abseihen und mit den passierten Süßkartoffeln verrühren. Mit Salz, Pfeffer, Muskatnuss würzen. Je nach Konsistenz des Pürees noch etwas mehr Milch zugeben.

Gedünstetes Blattgemüse: Nach Jahreszeit Mangold, Spinat, Wirsing, Weißkohl,frische Kräuter und dem Beifuß in einem Topf mit Olivenöl weichdünsten. Mit Salz und Pfeffer abschmecken

6.16 Gelbe Linsensuppe

Reduziert innere Hitze und Feuchtigkeit, weicht auf, leitet nach unten. Bewegt Qi und Blut, diuretisch, reduziert Feuchtigkeit. Stärkt Milz und Leber, reguliert
Qi-Fluss, baut Qi auf.
Kalorien p. Portion 155
Kochdauer ca. 20 min.
Thermische Wirkung: neutral

Menge	Zutaten		
1/2 Kg.	Linsen gelb	wenig	W
2 Stück	Karotte (Mohrrübe, Möhre)	empfehlenswert	E
1 Stück	Kohlrabi	empfehlenswert	E
1 Stück	Zwiebel weiss	ja	M
1/2 Bund	Petersilie	empfehlenswert	H
1 Prise	Kurkuma (Gelbwurz)		F
1 Prise	Kardamom		M
1 Prise	Salz	wenig	W
1 EL	Olivenöl	wenig	E
1 Liter	Wasser	ja	E

| 1/2 Stück | Zitrone Saft | weniger als angegeben | H |
| 7 Scheiben | Weißbrot (Weizenbrot) | | H |

Kochanleitung:
Linsen gut in einem Sieb waschen. In einem Topf Öl erhitzen. Fein geschnittene Zwiebel, in Scheiben geschnittene Karotten, in Würfel geschnittenen Kohlrabi und Gewürze kurz anbraten und salzen. Linsen dazu geben und mit Wasser bedecken und 20 Min köcheln lassen. Nach Bedarf Wasser dazu geben und mit Salz abschmecken. Mit frischer Petersilie oder frischem grünen Koriander bestreuen und mit Zitronensaft beträufeln.
Hier kann man auch rote Linsen verwenden. (gleiche Kochzeit). Mit Weißbrot servieren.

6.17 Gemüse-Kartoffel-Fleisch-Brei

Stärkt Milz und Leber, reguliert Qi-Fluss, befeuchtet, entspannt, baut Qi auf, verteilt. Stärkt Qi, stärkt Milz, lindert Entzündungen, befeuchtet, entspannt, baut Qi auf, verteilt.
Kalorien p. Portion 127
Kochdauer ca. 30 Min.
Thermische Wirkung: warm

Menge	**Zutaten**		
100 g.	Kartoffel	ja	E
200 g.	Karotte (Frühkarotte)	empfehlenswert	E
40 g.	Rindfleisch (Kalb)	empfehlenswert	E
6 EL	Marillensaft		E
1 EL	Rapsöl	wenig	E

Kochanleitung:
Das Fleisch von Haut, Sehnen, Fettresten befreien, unter kühlem Wasser abwaschen und in kleine Stücke schneiden und in wenig Wasser gar kochen. Nach ca. 15-20 Minuten, herausnehmen und pürieren. Das Gemüse und die Kartoffeln waschen, schälen und in nicht zu kleine Stücke schneiden. Mit wenig Wasser auf kleiner Flamme in 10-20 Minuten weich kochen. Mit dem Pürierstab das Gemüse zerkleinern und alles vermischen. Alles mischen, Butter oder Öl und Obstsaft hinzu geben und nochmals pürieren.

Verwenden Sie abwechselnd andere Fleischsorten wie Huhn, Lamm oder Pute. Wechseln Sie auch beim Gemüse mit Zucchini, Kohlrabi, Fenchel, Kürbis, Pastinaken und Broccoli.

Wechseln Sie auch die Obstsäfte. Dadurch kann eine Vielfalt an Geschmacksrichtungen erzeugt werden.

6.18 Geschnetzeltes Huhn mit Walnüssen und Sherry

Erwärmend und nährend, leitet das Qi nach oben. Stärkt Blut, Milz und Niere.
Kalorien p. Portion 304
Kochdauer ca. 25 Min.
Thermische Wirkung: warm

Menge	Zutaten		
2 EL	Butter Bio	weniger als angegeben	E
2 EL	Walnüsse	empfehlenswert	E
1/2 TL	Ingwer frisch	wenig	M
2 Stück	Zwiebel Schalotte	ja	M
1 Prise	Salz	wenig	W
300 g.	Huhn Fleisch	empfehlenswert	H
1 Prise	Rosenpaprika Pulver		F
1 TL	Sesam, Weißer		E
4 Stück	Schwarzer Fungu Pilz		E
4 Stück	Shiitake, getrocknet	wenig	E
1 Schuß	Sojasauce	wenig	W
1 Tasse	Reis Vollkorn	empfehlenswert	M
6 Tassen	Wasser	ja	E
1 Prise	Salz	wenig	W

Kochanleitung:
In einer heißen Pfanne Butter oder Sesamöl erhitzen; Walnüsse, reichlich geriebenen Ingwer, kleingeschnittene Schalotten oder Zwiebeln sanft anbraten; Salz und das geschnetzelte Huhn dazugeben und rundum anbraten; Rosenpaprika, gerösteten Sesam, eingeweichter schwarze Fungu, Shiitakepilze oder Champignons dazugeben; mit einem Schuß Sherry ablöschen; 5 - 10 Minuten köcheln lassen, bis das Fleisch gar ist; mit Sojasoße abschmecken.

Den Reis im gesalzenen Wasser zustellen, aufkochen lassen und bei kleiner Hitze ca. 15 Min. Quellen lassen.

Dazu passt: Feldsalat, Radicchio

6.19 Grundrezept für eine Fischbrühe

Kräftigt Nieren-Qi und Yin; nährt Blut und Säfte; fördert das Wasserlassen.
Kalorien p. Portion 127
Kochdauer ca. 40 min.
Thermische Wirkung: neutral

Menge	Zutaten		
300 g.	Fischstücke gemischt (Süßwasser)	empfehlenswert	W
120 g.	Sellerie Knolle	empfehlenswert	E
5 cm	Lauch (Porree)	ja	M
2 Stück	Karotte (Mohrrübe, Möhre)	empfehlenswert	E
1/8 Liter	Weißwein	ja	H
1/2 Stück	Zitrone	weniger als angegeben	H
2 Blätter	Lorbeerblatt		M
3 Stück	Pfeffer Körner	empfehlenswert	M
1 EL	Olivenöl	wenig	E
1/2 Liter	Wasser	ja	E

Kochanleitung:

In Olivenöl klein geschnittenen Sellerie, Karotten und Lauch andünsten, Lorbeerblatt und Pfefferkörner dazu geben, Fischstücke dazu geben und kurz mitdünsten. Mit Wasser ablöschen, wenig Weißwein oder Zitrone dazugeben. 30 Minuten sanft köcheln. Mehrmals den entstehenden Schaum abschöpfen. Am Ende die Zutaten durch ein Tuch sieben.

6.20 Grundrezept für eine Gemüsebrühe nahrhaft

Stärkt Milz und Lunge, reguliert Qi-Fluss, baut Qi auf, trocknet aus, leitet nach unten. Stärkt Magen-Qi.
Kalorien p. Portion 47
Kochdauer ca. 2-3 Stunden
Thermische Wirkung: neutral

Menge	Zutaten		
1 EL	Olivenöl	wenig	E
1 Stück	Zwiebel weiss	ja	M
3 Stück	Karotte (Mohrrübe, Möhre)	empfehlenswert	E
150 g.	Pastinake	empfehlenswert	F
1 Tasse	Sellerie Knolle	empfehlenswert	E
1/2 TL	Ingwer frisch	wenig	M
1/2 Stück	Zitrone	weniger als angegeben	H
6 Stück	Wacholderbeere	empfehlenswert	F
1 Prise	Thymian getrocknet		M
1 EL	Liebstöckel	empfehlenswert	M
2 Blätter	Lorbeerblatt		M
1 Prise	Salz	wenig	W
3/4 Liter	Wasser	ja	E

Kochanleitung:

Gemüse würfelig schneiden. In heißem Topf Öl erhitzen, Zwiebel und Gemüse anbraten, Ingwer und Lorbeer dazugeben. Mit kaltem Wasser aufgießen, Zitronensaft zugeben. Mit Wacholder, Thymian und Liebstöckel würzen. 2 – 3 Stunden auf kleiner Flamme zugedeckt köcheln. Das verwendete Gemüse soll weggeworfen werden. Das

Grundrezept dient als Suppengrundlage und zur Verfeinerung von Gemüse, Hülsenfrüchte oder Getreide. Wollen Sie gleich Gemüsesuppe essen, geben Sie eine halbe Stunde vorher das gewünschte Gemüse dazu.

6.21 Grundrezept für eine Hühnerbrühe wärmend

Stärkt Qi und Blut; ist sehr wärmend.
Kalorien p. Portion 89
Kochdauer ca. 2-3 Stunden
Thermische Wirkung: warm

Menge	Zutaten		
1/2 Stück	Huhn Fleisch	empfehlenswert	H
2 Stück	Karotte (Mohrrübe, Möhre)	empfehlenswert	E
1 Stange	Lauch (Porree)	ja	M
1 Stück	Sellerie Knolle	empfehlenswert	E
2 Scheiben	Ingwer frisch	wenig	M
1 TL	Bockshornklee		F
1 TL	Wacholderbeere	empfehlenswert	F
3 Stück	Lorbeerblatt		M
1 Liter	Wasser	ja	E

Kochanleitung:
Hühnerteile vom Fett befreien, in einem Topf mit heißem Wasser geben und kurz aufkochen lassen, entstehenden Schaum abschöpfen. Grob geschnittenes Gemüse und alle Gewürze zugeben und 2 – 3 Stunden bei mittlerer Hitze kochen. Fertige Suppe abseihen. Gemüse und Knochen wegwerfen.
Tipp: Wenn Sie das Fleisch als Suppeneinlage weiter verwenden möchten, nach 45 Minuten rausnehmen und nur die Knochen in die Suppe zurückgeben.

6.22 Grundrezept für eine Reissuppe (Congee)

Wärmt Magen und Milz, harmonisiert den Darm, stärkt Qi-Funktion, reduziert Feuchtigkeit.
Kalorien p. Portion 140
Kochdauer ca. 2-4 Stunden
Thermische Wirkung: warm

Menge	Zutaten		
1 Tasse	Reis Sorte beliebig	empfehlenswert	M
6 Tassen	Wasser	ja	E

Kochanleitung:
Man kocht Reis und Wasser in einem Verhältnis von etwa 1:6. Die Menge des Wassers bestimmt die Dicke des Breis (reine Geschmacksache). Der Reis quillt unwahrscheinlich auf, nehmen Sie

also nicht viel. Geben Sie den Reis in einen Topf mit einem schweren Deckel. Wichtig ist, den Reis nach kurzem Aufkochen nur auf kleinster Flamme köcheln zu lassen, da er sonst anbrennt. Kochen Sie den Reis 2-4 Stunden. Je länger er kocht, umso mehr stärkt er. Wenn Sie das Gericht zum Frühstück essen möchten, können Sie den Reis auch kurz vor dem Zubettgehen aufsetzen. Sicherheitshalber sollten Sie vorher einmal unter Beobachtung für eine ähnlich lange Zeit das Verhalten Ihres Topfes und Herdes prüfen, damit nichts anbrennt.

6.23 Grundrezept für eine Rinderbrühe (klar)

Stärkt Qi und Yang; ist sehr erwärmend.
Kalorien p. Portion 114
Kochdauer ca. 4-8 Stunden
Thermische Wirkung: warm

Menge	Zutaten		
500 g.	Rind Suppenfleisch		E
200 g.	Rind Fleischknochen	ja	E
1 Schuß	Essig (Rotweinessig)	wenig	H
8 Stück	Wacholderbeere	empfehlenswert	F
1 Prise	Rosmarin	empfehlenswert	F
3 Stück	Karotte (Mohrrübe, Möhre)	empfehlenswert	E
2 Stück	Pastinake	empfehlenswert	F
1 Stück	Lauch (Porree)	ja	M
1/2 TL	Ingwer frisch	wenig	M
1 Stiel	Liebstöckel	empfehlenswert	M
2 Stück	Nelke	empfehlenswert	M
6 Stück	Piment	wenig	M
2 Stück	Anis (gemeiner Fenchel)	empfehlenswert	E
1 TL	Salz	wenig	W
1 1/2 Liter	Wasser	ja	E

Kochanleitung:
Wasser, einen Schuß Rotweinessig, einige Wacholderbeeren, etwas Rosmarin, Knochen und Fleisch zum Kochen bringen; Karotte, Pastinake, etwas Lauch, Ingwer, Liebstöckelgrün, Nelke, Piment, Sternanis und etwas Salz hinzufügen; alles 4-8 Stunden köcheln und abseihen; Brühe im Kühlschrank aufbewahren.

6.24 Huhn nach italienischer Art

Stärkt Qi, Blut und Jing, Mittleren Erwärmer, baut Milz und Magen auf, nährt Qi, stärkt Essenz, bewahrt die Säfte, befeuchtet.
Kalorien p. Portion 410
Kochdauer ca. 1 Stunde
Thermische Wirkung: warm

Menge	Zutaten		
3 EL	Olivenöl	wenig	E
1 Stück	Huhn Fleisch (in 8 Stücke geteilt)	empfehlenswert	H
3 Zehen	Knoblauch	wenig	M
1/2 TL	Rosmarin	empfehlenswert	F
1 Prise	Salz	wenig	W
1 Prise	Pfeffer (gemahlen)	empfehlenswert	M
1/4 Liter	Wasser	ja	E
1 Tasse	Reis Basmatireis	ja	M
6 Tassen	Wasser	ja	E
1 Prise	Salz	wenig	W
1 Stück	Kopfsalat	wenig	F
2 EL	Olivenöl	wenig	E
1/4 Stück	Zitrone Saft	weniger als angegeben	H
1 Prise	Senf		M
1 Prise	Salz	wenig	W
1 Prise	Honig	wenig	E

Kochanleitung:
In einer schweren Pfanne (mit Deckel) 1 EL Olivenöl bei niedriger Temperatur erhitzen. Die Hühnerteile hineingeben und ein paar Minuten anbraten. Sobald sie anfangen, Farbe anzunehmen, die restlichen 2 EL Olivenöl und den Knoblauch zugeben. Die Geflügelteile im Öl wenden und mit Rosmarin, Salz und Pfeffer bestreuen. Mit etwas Wasser aufgießen und zum Kochen bringen. Die Wärmezufuhr drosseln, den Deckel auflegen und das Huhn 35 bis 45 Minuten schmoren. Dazwischen immer wieder nachsehen, ob noch genügend Garflüssigkeit vorhanden ist, und bei Bedarf jeweils 1 bis 2 EL Wasser aufgießen. Sobald sich das Fleisch vom Knochen löst, die Hühnerteile auf die Teller verteilen, den Bratenrückstand in der Schmorpfanne mit einigen EL Wasser oder Wein ablöschen und als Sauce über dem Fleisch verteilen.
In der Zwischenzeit den Reis in einem Topf mit der sechsfachen Menge gesalzenem Wasser, bei kleiner Flamme kochen.
Den Salat waschen und schleudern, kleinzupfen und in einer Schüssel anrichten. In einer kleinen Schüssel das Olivenöl, Zitronensaft, etwas Senf, Salz und Honig gut vermischen und zu dem Salat geben und vermischen.

6.25 Hühnersuppe mit Angelikawurzel und Bocksdornfrüchten

Stärkt Milz und nährt das Blut und das Yin der Leber. Stärkt Qi und Blut; ist sehr wärmend.
Kalorien p. Portion 77
Kochdauer ca. 1 1/2 Stunden

Thermische Wirkung: warm

Menge	Zutaten		
1/2 Liter	Grundrezept für eine Hühnerbrühe	empfehlenswert	
5 g.	Angelikawurzel		
50 g.	Bocksdornfrüchte (Fructus Lycii) getrocknet		H

Kochanleitung:
Hühnerbrühe laut Grundrezepte. In den letzten 40 Minuten
Angelikawurzel und Bocksdornfrüchte mitkochen.
Einnahme: Täglich 2-3 Tassen Brühe trinken.

6.26 Hühnersuppe mit Grünkern, Petersilie und Sake

Stärkt Qi und Blut; ist sehr wärmend. Nährt Leber-Blut, bewahrt die
Säfte, zieht zusammen. Zerstreut und bewegt Qi, befeuchtet.
Kalorien p. Portion 150
Kochdauer ca. 1 1/2 Stunden
Thermische Wirkung: warm

Menge	Zutaten		
1/2 Liter	Grundrezept für eine Hühnerbrühe	empfehlenswert	
4 EL	Grünkern	ja	H
2 EL	Petersilie	empfehlenswert	H
1 Schuß	Sake	weniger als angegeben	M

Kochanleitung:
Die Zutaten in der Suppe 10 min. ziehen lassen.

6.27 Indische Dalsuppe

Reduziert innere Hitze und Feuchtigkeit, weicht auf, leitet nach unten.
Stärkt Milz und Leber, reguliert Qi-Fluss, befeuchtet, entspannt, baut Qi
auf, verteilt, stärkt Leber und Niere, reduziert feuchte Hitze.
Kalorien p. Portion 255
Kochdauer ca. 30 Min.
Thermische Wirkung: kühl

Menge	Zutaten		
175 g.	Linsen (Helmbohnen)	wenig	W
3 EL	Sesamöl	wenig	E
1 Stück	Karotte (Mohrrübe, Möhre)	empfehlenswert	E
1 Stück	Zwiebel Schalotte	ja	M
2 Tassen	Wasser	ja	E
2 Scheiben	Ingwer frisch	wenig	M
1 Prise	Salz	wenig	W
1 TL	Sojasauce	wenig	W
1 TL gehackte	Petersilie	empfehlenswert	H
1 TL	Thymian	empfehlenswert	W
1 EL	Basilikum	empfehlenswert	M

Kochanleitung:
Linsen über Nacht einweichen; in einen heißen Topf Öl geben; Karotte, Zwiebel, etwas Ingwer andünsten mit Wasser aufgießen; Linsen zugeben und weich kochen; Salz oder Sojasoße zugeben und weitere 10 Minuten kochen; vor dem Servieren Petersilie unterheben; Thymian oder Basilikum drüberstreuen.

Variante: Andere Kräuter wie Salbei, Rosmarin oder Liebstöckel ermöglichen eine Vielfalt von Geschmacksnuancen.

6.28 Karotten- Reisschleimsuppe

Wärmt Magen und Milz, harmonisiert den Darm, stärkt Qi-Funktion, reduziert Feuchtigkeit. Stärkt Milz und Leber, reguliert Qi-Fluss, befeuchtet, entspannt, baut Qi auf, verteilt.
Kalorien p. Portion 101
Kochdauer ca. 10 Min. (+Grundrezept)
Thermische Wirkung: warm
Therapeutisches Rezept

Menge	Zutaten		
1 Tasse	Grundrezept für eine Reissuppe	empfehlenswert	
2 Stück	Karotte (Mohrrübe, Möhre)	empfehlenswert	E
1 TL	Salz	wenig	W

Kochanleitung:
Karotten schälen und reiben. Die Reissuppe aufkochen und die geriebenen Karotten und Salz dazugeben. 10 Minuten kochen.

6.29 Karotten-Risotto

Stärkt Magen, Milz und Leber, reguliert Qi-Fluss, entspannt, baut Qi auf, verteilt. trocknet aus, leitet nach unten. Stärkt Magen-Qi. Nährt Blut und Leber, harmonisiert Leber und Milz, stärkt Sehkraft, bewahrt die Säfte, zieht zusammen.
Kalorien p. Portion 308
Kochdauer ca. 45 Min. (+Grundrezept)
Thermische Wirkung: warm

Menge	Zutaten		
1/2 EL	Olivenöl	wenig	E
2 EL	Zwiebel Frühlingszwiebel	ja	M
1 Prise	Muskatnuss	empfehlenswert	M
1/2 Bund	Petersilie	empfehlenswert	H
100 g.	Reis Sorte beliebig	empfehlenswert	M
250 g.	Karotte (Mohrrübe, Möhre)	empfehlenswert	E
300 ml.	Grundrezept für eine Gemüsebrühe	empfehlenswert	
1/4 TL	Fenchelsamen gemahlen	ja	E

1/2 TL	Basilikum (frisch)	empfehlenswert	M
1 Prise	Salz	wenig	W
1 Prise	Pfeffer (gemahlen)	empfehlenswert	M
1 EL	Parmesan	wenig	E

Kochanleitung:

In einem flachen Pfanne das Öl erhitzen, Zwiebeln darin glasig und sehr weich dünsten. Petersilie dazugeben, kurz andünsten. Reis, Karotten und Muskat dazugeben, unter Rühren kurz andünsten. Mit der Gemüsebrühe aufgießen, mit Fenchel und Basilikum würzen, zum Kochen bringen und ca. 20 Minuten kochen, bis Reis und Karotten gut durch sind. Dabei ab und zu umrühren und bei Bedarf etwas Gemüsebrühe nachgießen. Das Risotto soll leicht suppig sein. Kurz vor Ende der Garzeit den Weißwein untermischen und das Risotto noch kurz köcheln. Risotto vom Herd nehmen, Parmesan untermischen

6.30 Karpfensuppe

Nährend und leicht erwärmend, stärkt die Mitte und den Unteren Erwärmer entfernt Feuchtigkeit.

Kalorien p. Portion 499

Kochdauer ca. 2 Stunden

Thermische Wirkung: neutral

Menge	**Zutaten**		
500 g.	Karpfen	empfehlenswert	W
1 Prise	Salz	wenig	W
1 TL	Essig (Apfelessig)	wenig	H
1 Zweig	Thymian	empfehlenswert	W
8 Stück	Wacholderbeere	empfehlenswert	F
2 Stück	Karotte (Mohrrübe, Möhre)	empfehlenswert	E
1 Stück	Lauch (Porree)	ja	M
1 Stück	Zwiebel weiss	ja	M
1/2 TL	Ingwer frisch	wenig	M
3 Blatt	Lorbeerblatt		M
1/8 Liter	Weißwein	ja	H
3 Blatt	Basilikum	empfehlenswert	M

Kochanleitung:

Vorbereitung: Beim Einkauf im Fischgeschäft die Filets von einem mittelgroßen, ganzen Karpfen herauslösen und Fischkopf, Rückgrat mit Gräten und Schwanz ebenfalls einpacken lassen.

Die Filetstücke in 1 cm große Würfel schneiden; etwas salzen und beiseite stellen.

Fischkopf, Rückgrat mit Gräten und Schwanz des Karpfens in reichlich kaltes Wasser geben; zum Kochen bringen und den Schaum abschöpfen; einen Spritzer Essig, einen frischen Zweig Thymian, Wacholderbeeren zufügen; Karotte, ein Stück Lauch und grob zerkleinerte Zwiebel hineingeben; eine dicke Scheibe Ingwer, einige Pfefferkörner, 1 Lorbeerblatt, Salz zugeben; etwa 1 1/2 Stunden köcheln und den Fond durch ein Sieb gießen.

Die Karpfenstücke in einen Topf geben; einen Schuß Weißwein zugießen; Rosenpaprika, Basilikumblättchen, fein gestiftete Karotten, getrockneten Thymian und den Fond zugeben und erwärmen; die Zutaten etwa 5 Minuten sieden lassen, bis die Fischstücke gar sind. Varianten: Die Suppe mit Kuzu oder Kartoffelbrei andicken. Dazu passt: Baguette und trockener Weißwein.

6.31 Kartoffel-Basilikumsuppe

Stärkt Magen-Qi, befeuchtet, entspannt, baut Qi auf, verteilt. Stärkt Qi, stärkt Milz, lindert Entzündungen, verteilt. Stärkt Milz und Leber, reguliert Qi-Fluss.
Kalorien p. Portion 95
Kochdauer ca. 25 min.
Thermische Wirkung: warm

Menge	Zutaten		
500 ml	Wasser	ja	E
4 Stück	Kartoffel	ja	E
2 Stück	Karotte (Mohrrübe, Möhre)	empfehlenswert	E
1 Stück	Sellerie Knolle	empfehlenswert	E
1 Prise	Pfeffer (gemahlen)	empfehlenswert	M
1 Prise	Kümmel	empfehlenswert	E
1 Zehe	Knoblauch	wenig	M
1 Prise	Salz	wenig	W
1 TL	Zitrone	weniger als angegeben	H
1 Bund	Basilikum (frisch)	empfehlenswert	M
1 Prise	Rosenpaprika Pulver		F
1 Prise	Zucker Ursüße (Zuckerrohr) süß	wenig	E
1 EL	Olivenöl	wenig	E

Kochanleitung:
In einem Topf mit heißem Wasser 4 mittelgroße Kartoffeln geschält und kleingeschnitten und 2 mittelgroße Karotten kleingeschnitten geben, ein Stück von 1 Sellerieknolle, eine Prise Pfeffer, eine Prise gemahlenen Kümmel, 1 kleine Knoblauchzehe zerdrückt, eine Prise Salz, 1 TL Zitronensaft köcheln, bis das Gemüse weich ist.
Von 1 Bund Basilikum fein gehackt eine Hälfte in die Suppe geben und alles pürieren; die andere Hälfte des Basilikums anschließend unterrühren; mit Rosenpaprika, einer Prise Vollrohrzucker, 1 EL Olivenöl oder Butter, frisch gemahlenem Pfeffer, Salz abschmecken.

6.32 Kichererbsengemüse mit Rosinen

Stärkt Milz und Leber, reguliert Qi-Fluss, befeuchtet, entspannt, baut Qi auf, verteilt. Stärken Milz und Herz, weicht auf, leitet nach unten. Wärmt Magen und Milz, harmonisiert den Darm, stärkt Qi-Funktion, reduziert Feuchtigkeit.
Kalorien p. Portion 429
Kochdauer ca.
Thermische Wirkung: kühl

Menge	Zutaten		
1 Tasse	Kichererbsen	wenig	W
1 EL	Hijiki		W
1 Prise	Salz	wenig	W
1 EL	Sonnenblumenöl	wenig	E
2 Stück	Karotte (Mohrrübe, Möhre)	empfehlenswert	E
2 EL	Rosinen	empfehlenswert	E
1/2 TL	Ingwer frisch	wenig	M
1 Prise	Cumin (Kreuzkümmel)	empfehlenswert	M
1 Schuß	Zitrone Saft	weniger als angegeben	H
1 EL	Sauerrahm 15% Fett	weniger als angegeben	H
1 Prise	Curcuma (Gelbwurz)	empfehlenswert	
1 Schuß	Sojabohnenmilch	ja	E
1 Prise	Koriander	empfehlenswert	M
1 Schuß	Sojasauce	wenig	W
1/2 Tasse	Reis Rundkornreis	empfehlenswert	M
3 Tassen	Wasser	ja	E
1 Prise	Salz	wenig	W

Kochanleitung:
Vorbereitung: Kichererbsen in kaltem Wasser mehrere Stunden oder über Nacht einweichen. Danach: Einweichwasser wegschütten; die Kichererbsen in kaltem Wasser aufsetzen; 1 EL Hijiki zufügen und die Kichererbsen bissfest kochen; Salz am Ende der Kochzeit zugeben.

Separat. In einer heißen Pfanne Öl, kleingeschnittene Karotten (eine größere Menge als Kichererbsen), Rosinen, geriebenen Ingwer, reichlich Cumin und Salz sanft braten, bis die Karotten halb gar sind; die Kichererbsen und Meeresalgen dazugeben; Zitronensaft, etwas Sauerrahm, Curcuma, Soja- oder Reismilch dazugeben; eine Prise Koriander, etwas Sojasoße untermengen; einige Minuten bei schwacher Hitze durchziehen lassen, bis die Karotten gar sind.

Rundkornreis mit dem Wasser aufsetzen, salzen und ca. 20 Min. kochen.

6.33 Klare Brühe aus Gänseklein

Stärkt Milz, Magen und Lunge, lindert Schwächezustände, stärkt Qi, beruhigt Magen. Bewegt Qi, leitet nach oben. Stärkt Milz und Leber, reguliert Qi-Fluss, befeuchtet, entspannt, baut Qi auf, verteilt.
Kalorien p. Portion 334
Kochdauer ca. 2-3 Stunden
Thermische Wirkung: warm

Menge	Zutaten		
500 g.	Gans (Gänseklein)	ja	M
1 Stück	Karotte (Mohrrübe, Möhre)	empfehlenswert	E
1 Stück	Zwiebel Schalotte	ja	M
1 Stück	Lauch (Porree)	ja	M
1 Zweig	Petersilie	empfehlenswert	H
1 Zweig	Liebstöckel	empfehlenswert	M
1 Prise	Kerbel		F
1 Liter	Wasser	ja	E
1 Prise	Salz	wenig	W

Kochanleitung:
Gänseklein mit Gemüse und Kräutern 2-3 Stunden köcheln. Durch ein feines Tuch sieben und abkühlen. Entfetten und im Kühlschrank aufbewahren.

6.34 Klare Ochsenschwanzsuppe mit Bocksdornfrüchten

Stärkt das Qi; nährt das Leber-Blut; bei Augenflimmern oder trockenen Augen, Muskelverspannungen oder Wadenkrämpfen durch Blut-Leere.
Kalorien p. Portion 217
Kochdauer ca. 1-2 Stunden (+Grundrezept)
Thermische Wirkung: warm

Menge	Zutaten		
1 Liter	Grundrezept für eine Rinderbrühe (klar)	ja	
500 g.	Rind Ochsenschwanzstücke		E
4-5 Stück	Shiitake, getrocknet	wenig	E
1 Stück	Zwiebel weiss	ja	M
2 EL	Sake	weniger als angegeben	M
1/2 TL	Ingwer frisch	wenig	M
1 EL	Bocksdornfrüchte (Fructus Lycii) getrocknet		H

Kochanleitung:
Shiitakepilze einweichen. Ochsenschwanzscheiben blanchieren; dadurch werden Fett und Unreinheiten entfernt. In der Rinderbrühe weitere 1-2 Stunden kochen. Dann Frühlingszwiebeln, Shiitakepilze, Reiswein, Bocksdornfrüchte und Ingwer zugeben und alles sanft köcheln lassen.

6.35 Kokosreis mit Kardamom

Stärkt Lunge und Milz, diuretisch, stärkt Qi, schützt Leber. Stärkt Magen
und Milz, stärkt Muskeln, reduziert Feuchtigkeit. Stärkt Qi und Nieren-
Jing. Stärken Qi von Herz und Lunge, löscht Durst, treibt Harn.
Kalorien p. Portion 266
Kochdauer ca. 45 Min.
Thermische Wirkung: neutral

Menge	Zutaten		
1 Tasse	Reis Langkornreis	ja	M
6 Tassen	Wasser	ja	E
1 EL	Zucker Ursüße (Zuckerrohr) süß	wenig	E
1 TL	Kardamom		M
1/2 TL	Ingwer frisch	wenig	M
2 EL	Butter Bio	weniger als angegeben	E
2 EL	Kokosraspeln	ja	E
1 EL	Cashewnüsse	ja	E
1 EL	Rosinen	empfehlenswert	E
1 Prise	Salz	wenig	W
1/2 Stück	Zitrone	weniger als angegeben	H
300 g.	Kürbis	ja	E
2 EL	Olivenöl	wenig	E
1 Prise	Koriander	empfehlenswert	M
1 Prise	Pfeffer (gemahlen)	empfehlenswert	M
1 Prise	Curry	wenig	M
50 ml.	Wasser	ja	E
1 Prise	Salz	wenig	W
1 EL	Petersilie	empfehlenswert	H
1 Prise	Kardamom		M
1 Prise	Kurkuma (Gelbwurz)		F

Kochanleitung:
Vorbereitung: Langkornreis in kaltem Wasser 1 Stunde einweichen
und abtropfen lassen.

Danach: Frisches Wasser zum Kochen bringen; etwas Vollrohrzucker,
reichlich gemahlenen Kardamom oder einige Kardamomkapseln,
geriebenen Ingwer und den Reis ins heiße Wasser geben und gar
kochen.

Separat: In einem heißen Topf etwas Butter erhitzen; Kokosraspel,
Cashewkerne und Rosinen darin rösten; den gekochten Reis und Salz
dazugeben; Zitronensaft darüberträufeln; alles vermengen und einige
Minuten durchziehen lassen.

Kürbisgemüse: Olivenöl in Pfanne erwärmen. Kürbis in Würfel

geschnitten darin andünsten, würzen mit Koriander, Pfeffer und Curry, ablöschen mit wenig Wasser, mit Meersalz salzen, klein geschnittene Petersilie dazugeben mit Kardamom und Kurkuma würzen, auf kleinem Feuer ca. 10 Min. köcheln, je nach Kürbisart, der Kürbis sollte noch bissfest sein.

6.36 Kompott aus einheimischen Obst und Trockenfrüchten

Befeuchtet Lunge, kühlt Hitze, reduziert Lungenschleim, produziert Körpersäfte, entspannt, baut Qi auf, verteilt. Nährt Säfte, reduziert Magenhitze, stärkt Milz, produziert Essenz, harmonisiert Magen. Trocknet aus, leitet nach unten.
Kalorien p. Portion 45
Kochdauer ca. 15 Min.
Thermische Wirkung:

Menge	Zutaten		
1 Stück	Apfel (süß)	ja	E
1 Stück	Birne	ja	E
1 Prise	Zimtpulver	empfehlenswert	M
1/2 TL	Zitrone Schale	wenig	F
1/2 Liter	Wasser	ja	E

Kochanleitung:
Den Apfel und die Birne mit den Trockenfrüchten weich kochen. Mit Zimt und Zitronenschale (BIO) bestreuen.

6.37 Kürbiscurry

Stärkt Lunge und Milz, diuretisch, stärkt Qi, schützt Leber. Wärmt Magen und Milz, harmonisiert den Darm, stärkt Qi-Funktion, reduziert Feuchtigkeit. Befeuchtet, entspannt, baut Qi auf, verteilt. Nährt Blut und Leber, harmonisiert Leber und Milz.
Kalorien p. Portion 193
Kochdauer ca. 20 Min.
Thermische Wirkung: warm

Menge	Zutaten		
300 g.	Kürbis	ja	E
2 EL	Olivenöl	wenig	E
1 Prise	Koriander	empfehlenswert	M
1 Prise	Pfeffer (gemahlen)	empfehlenswert	M
1 Prise	Curry	wenig	M
50 ml	Wasser	ja	E
1 Prise	Salz	wenig	W
1 EL	Petersilie	empfehlenswert	H
1 Prise	Kardamom		M

1 Prise	Kurkuma (Gelbwurz)		F
1/2 Tasse	Reis Vollkorn	empfehlenswert	M
3 Tassen	Wasser	ja	E
1 Prise	Salz	wenig	W

Kochanleitung:
Olivenöl in Pfanne erwärmen. Kürbis in Würfel geschnitten darin andünsten, würzen mit Koriander, Pfeffer und Curry, ablöschen mit wenig Wasser, mit Meersalz salzen, klein geschnittene Petersilie dazugeben mit Kardamom und Kurkuma würzen, auf kleinem Feuer ca. 10 Min. köcheln, je nach Kürbisart, der Kürbis sollte noch bissfest sein.

Den Reis im gesalzenen Wasser zustellen, aufkochen lassen und bei kleiner Hitze ca. 15 Min. Quellen lassen.

6.38 Kürbissuppe

Stärkt Lunge und Milz, diuretisch, stärkt Qi, schützt Leber. Stärkt Qi, stärkt Milz, lindert Entzündungen, befeuchtet, entspannt, baut Qi auf, verteilt. Stärkt Milz und Leber, reguliert Qi-Fluss, befeuchtet, entspannt, baut Qi auf, verteilt.
Kalorien p. Portion 104
Kochdauer ca. 1 Stunde
Thermische Wirkung: warm

Menge	Zutaten		
300 g.	Kürbis	ja	E
2 Stück	Karotte (Mohrrübe, Möhre)	empfehlenswert	E
2 Stück	Kartoffel	ja	E
1 EL	Olivenöl	wenig	E
1 Stück	Zwiebel weiss	ja	M
1 Tasse	Wasser	ja	E
1 EL	Petersilie	empfehlenswert	H
1 Prise	Anis (gemeiner Fenchel)	empfehlenswert	E
1 Prise	Salz	wenig	W

Kochanleitung:
Olivenöl in Pfanne geben, in Würfel geschnittener Kürbis, gewürfelte Karotten und Kartoffel dazugeben, kurz andünsten, klein geschnittene Zwiebel dazugeben, mit Wasser auffüllen, soviel Wasser, dass das Gemüse mind. 3 Fingerbreiten bedeckt ist, Aufkochen lassen und dann auf kleines Feuer stellen.
Mit Meersalz salzen, klein geschnittene Petersilie dazugeben, eine Prise Anis (wenig), evt. noch nachwürzen. Alles zusammen ca. 35 Minuten köcheln lassen. Anschließend die Suppe pürieren und evt. nochmals Wasser dazugeben, je nach Konsistenz der Suppe.

6.39 Kuzusuppe in der Früh

Befeuchtet, entspannt, baut Qi auf, verteilt. Stärkt Magen, harmonisiert
Mitte, reduziert innere Hitze, entgiftet, weicht auf, leitet nach unten.
Kalorien p. Portion 12
Kochdauer ca. 5 min.
Thermische Wirkung: neutral
Therapeutisches Rezept

Menge	Zutaten		
1 TL	Kuzu	ja	E
1/4 Liter	Wasser	ja	E
1 Schuß	Sojasauce	wenig	W
1 Messerspitze	Umeboshipaste		W

Kochanleitung:
Kuzu mit kaltem Wasser anrühren und unter Rühren zum Kochen
bringen. Sobald es glasig wird vom Herd nehmen und abkühlen lassen.
Mit Tamari und Umeboshipaste oder zerkleinerten Umeboshi-Pflaumen
abschmecken

Es besteht immer die Möglichkeit Ihren Magen und Darm mit diesem
Rezept vor dem richtigen Frühstück zu unterstützen.
Eine morgendliche Kur für Magen und Schleimhäute. Bringt den
Basenhaushalt in Ordnung.

6.40 Lammgeschnetzeltes mit Rosmarinkartoffeln

Stärkt Milz- und Nieren-Yang und Magen-Qi, lindert
Schwächezustände, erwärmt Mittleren und Unteren Erwärmer. Stärkt
Qi, lindert Entzündungen, befeuchtet, entspannt, baut Qi auf, verteilt.
Kalorien p. Portion 461
Kochdauer ca. 1 Stunde
Thermische Wirkung: warm

Menge	Zutaten		
450 - 500 g.	Lamm Fleisch	ja	F
2 EL	Olivenöl	wenig	E
1 Stück	Zwiebel weiss	ja	M
1 Zehe	Knoblauch	wenig	M
1 Prise	Muskatnuss	empfehlenswert	M
3 Stück	Karotte (Mohrrübe, Möhre)	empfehlenswert	E
1/4 Knolle	Sellerie Knolle	empfehlenswert	E
1 Zweig	Rosmarin	empfehlenswert	F
1 TL	Bohnenkraut	empfehlenswert	W
1 EL	Petersilie	empfehlenswert	H
1 Prise	Rosenpaprika		F
1/8 Liter	Rotwein	ja	F

1 Prise	Salz Kräutersalz		W
1/2 Stück	Zitrone Saft	weniger als angegeben	H
1 EL	Preiselbeere	wenig	H
6 Stück	Kartoffel	ja	E

Kochanleitung:

Lammhüfte in Streifen schneiden, Karotten und Sellerie in kleine Würfel schneiden.

Olivenöl in Pfanne erwärmen, Lammfleisch darin anbraten, geschnittene Zwiebeln und Knoblauch dazugeben, Salzen mit Kräutersalz, ganz wenig Wasser, Petersilie, mit Rotwein ablöschen, würzen mit Paprika und klein geschnittenem Rosmarin, Beifuß, Bohnenkraut, Karotten und Sellerie dazugeben, Hitze zurückdrehen auf kleinem Feuer ca. 35 Minuten köcheln lassen. Nachwürzen mit Pfeffer und Muskat, evt. noch nachsalzen, wenig Zitronensaft dazugeben, nachwürzen mit Paprika, Preiselbeeren unterziehen

Kartoffeln in der Länge halbieren, wenig Olivenöl auf die Schnittfläche streichen, salzen, 2 - 3 Rosmarinnadeln auf jede halbe Kartoffel streuen, Kartoffeln auf Backblech stellen und im vorgeheizten Backofen ca. 25 Minuten auf 190 Grad backen.

6.41 Linsen-Reis-Eintopf

Stärkt Milz und Leber, reguliert Qi-Fluss, befeuchtet, entspannt, baut Qi auf, verteilt. Wärmt Magen und Milz, harmonisiert den Darm, stärkt Qi-Funktion, reduziert Feuchtigkeit. Bewegt Leber-Qi, kühlt Hitze.
Kalorien p. Portion 232
Kochdauer ca. 25 Min.
Thermische Wirkung: warm

Menge	**Zutaten**		
100 g.	Linsen (Helmbohnen)	wenig	W
5 Tassen	Wasser	ja	E
1 Tasse	Reis Sorte beliebig	empfehlenswert	M
1 EL	Sesamöl	wenig	E
2 Stück	Karotte (Mohrrübe, Möhre)	empfehlenswert	E
2 Stangen	Sellerie Stangensellerie	wenig	E
1 Prise	Cumin (Kreuzkümmel)	empfehlenswert	M
1 Prise	Salz	wenig	W
1 Schuß	Essig (Apfelessig)	wenig	H
2 EL	Petersilie	empfehlenswert	H

Kochanleitung:

Linsen einweichen; in einem heißen Topf Sesamöl erhitzen; Karotte und Stangensellerie klein schneiden und andünsten; Reis, eine Prise Cumin und Linsen dazugeben und aufkochen; wenn die Linsen weich sind, Salz zugeben; mit etwas Essig abschmecken und mit Petersilie garnieren.

Variante: Im Sommer kann man das Cumin weglassen und frische grüne Erbsen, Chinakohl oder Stangensellerie dazunehmen.

6.42 Nierenbohneneintopf mit Lamm und Salbei

Nähren Yin von Herz und Niere. Stärkt Milz- und Nieren-Yang, stärkt Qi, erwärmt Mittleren und Unteren Erwärmer. Löst Stagnation, leitet nach oben. Befeuchtet, befeuchtet, entspannt, baut Qi auf, verteilt.
Kalorien p. Portion 391
Kochdauer ca. 1 1/2 Stunden
Thermische Wirkung: warm

Menge	Zutaten		
3 EL	Sojaöl	wenig	E
2 Stück	Zwiebel weiss	ja	M
200 g	Lamm Fleisch	ja	F
1 Prise	Salz	wenig	W
4-5 Blätter	Salbei	wenig	F
1/2 TL	Rosmarin	empfehlenswert	F
1/2 TL	Thymian	empfehlenswert	W
250 g.	Nierenbohnen (rote)	wenig	W
3/4 Liter	Wasser	ja	E

Kochanleitung:
Nierenbohnen über Nacht in Wasser einweichen. In einem Topf Zwiebel mit Öl anrösten. Das Lamm in Würfel schneiden und in den Topf geben. Mit Salz, Salbei, Rosmarin und Thymian würzen. Lamm gut anrösten und Topf zudecken. Bei kleiner Flamme dünsten lassen und nach 10 min einen dreiviertel Liter kaltes Wasser dazu. Wieder etwas salzen. Zum Kochen bringen. Wenn das Wasser kocht, Bohnen dazu. Mind. 1 Stunde köcheln bis Bohnen und Fleisch weich sind.

6.43 Quinoa mit Pfirsich

Nährt Blut und Säfte, bewegt Blut, baut Qi auf, verteilt. Stärkt Qi, trocknet aus, leitet nach unten. Stärkt Mittleren Erwärmer, befeuchtet.
Kalorien p. Portion 247
Kochdauer ca. 20 min.
Thermische Wirkung: warm

Menge	Zutaten		
1 Tasse	Quinoa	ja	F
2 Tassen	Wasser	ja	E
2 TL	Honig	wenig	E
2 Stück	Pfirsich	ja	E

Menge	Zutaten		
2 TL	Leinöl	wenig	E
1 TL gehackte	Zitronenmelisse (frisch)		M
1 Prise	Chili (Schote oder gemahlen)	empfehlenswert	M
1 Prise	Zimtpulver	empfehlenswert	M
1 Prise	Vanille	empfehlenswert	E

Kochanleitung:

Am Abend: Quinoa in heißes Wasser und zugedeckt 15 bis 20 weich kochen.

In der Früh: Quinoa mit 1 El Wasser aufwärmen.

Pfirsiche in einem Topf leicht dünsten oder frisch dazu geben. Mit frischer Zitronenmelisse dekorieren.

Sommer: Nektarinen, Marillen
Winter: Eingelegtes Obst, Birne, Äpfel

6.44 Rasche Flocken mit Kompott oder Marmelade

Stärkt Qi, trocknet aus, leitet nach unten. Stärkt Mittleren Erwärmer, befeuchtet. Befeuchtet, entspannt, baut Qi auf, verteilt. Stärken Nieren-Qi, -Essenz und Gehirn, stärkt Niere. Wärmt Mitte.
Kalorien p. Portion 231
Kochdauer ca. 5 min.
Thermische Wirkung: warm

Menge	Zutaten		
5–7 EL	Quinoa	ja	F
1/4 Liter	Wasser	ja	E
1 Tasse	Kirschenkompott		E
1 EL gerieben	Walnüsse	empfehlenswert	E
1 EL	Olivenöl	wenig	E
2 EL	Honig	wenig	E
1 Prise	Vanille	empfehlenswert	E
1 Prise	Anis (gemeiner Fenchel)	empfehlenswert	E
1 Prise	Kardamom		M
1 Prise	Chili (Schote oder gemahlen)	empfehlenswert	M

Kochanleitung:

Flocken in eine Pfanne geben und mit Wasser aufgießen. 3-5 Minuten aufkochen, vom Feuer ziehen, Nüsse und Kompott dazugeben. Ein Schuß Öl dazugeben. Süßen nach Bedarf mit Honig, Vollrohrzucker oder Agavendicksaft.

Gewürze und Aromen : Vanille, Anis, Fenchel oder Koriander, Kardamom, wenig Chili
Winter: Apfelkompott, Birnenkompott, Früchtemarmelade
Sommer: Zwetschkenkompott, Marillenkompott

6.45 Reis mit gedämpftem Gemüse

Leitet Hitze und Feuchtigkeit aus
Kalorien p. Portion 92
Kochdauer ca. 20 min (+Grundrezept)
Thermische Wirkung: neutral

Menge	Zutaten		
1 Tasse	Grundrezept für eine Reissuppe (Congee)	empfehlenswert	
3 Tassen	Wasser	ja	E
1 Stück	Zitrone Schale	wenig	F
1/8 Liter	Wasser	ja	E
2 Stück	Karotte (Mohrrübe, Möhre)	empfehlenswert	E
1/2 Stück	Sellerie Stangensellerie	wenig	E
1/2 Tasse	Champignon	wenig	E
2 EL	Kresse	wenig	M
1 Schuß	Leinöl	wenig	E

Kochanleitung:
Reis nach Grundrezept kochen. Zitronenschale mitkochen.
Wasser aufstellen und kleingeschnittene Karotten, Stangensellerie und
Champignons in Gemüseeinsatz dämpfen bis sie weich sind.
Anschließend mit Kresse bestreuen. Dann ein Schuß hochwertiges
kaltes Öl zugeben

6.46 Reis-Congee mit Trockenfrüchten

Wärmt Magen und Milz, harmonisiert den Darm, stärkt Qi-Funktion,
reduziert Feuchtigkeit. Nährt Blut und Yin, harmonisiert Lungen-Qi.
Stärkt Qi und Nieren-Jing, befeuchtet, entspannt, baut Qi auf, verteilt.
Kalorien p. Portion 210
Kochdauer ca. 10 Min. (+Grundrezept)
Thermische Wirkung: warm

Menge	Zutaten		
4 Tassen	Grundrezept für eine Reissuppe	empfehlenswert	
1/2 EL	Butter Bio	weniger als angegeben	E
6 EL	Aprikose getrocknet	empfehlenswert	E
1/2 Tasse	Wasser	ja	E
1 Schuß	Ahornsirup	ja	E

Kochanleitung:
Reis-Congee nach Grundrezept kochen.

Etwas Butter bei kleiner Flamme zerlassen und klein geschnittene
Trockenfrüchte mit 1/2 Tasse Wasser kurz darin dünsten. Die für die
Mahlzeit gewünschte Menge an Reisbrei zugeben und erhitzen. Heiß
servieren und bei Bedarf mit Ahornsirup nachsüßen.
Variante: Zusätzlich frisches Obst mit andünsten.

6.47 Reis-Congee mit zerstoßenen Walnüssen

Nährend und leicht erwärmend, erwärmt die Mitte baut Qi auf. Wärmt Magen und Milz, harmonisiert den Darm, stärkt Qi-Funktion, reduziert Feuchtigkeit.
Kalorien p. Portion 406
Kochdauer ca. 2 Stunden und mehr
Thermische Wirkung: warm

Menge	Zutaten		
4 Tassen	Grundrezept für eine Reissuppe	empfehlenswert	
2-3 EL	Zucker Ursüße (Zuckerrohr) süß	wenig	E
1 Tasse	Walnüsse	empfehlenswert	E
1 Prise	Zimtpulver	empfehlenswert	M

Kochanleitung:
Grundrezept für Reissuppe (Congee) kochen
Hinweis: Die Walnüsse können von Anfang an mitgekocht werden.
Variante: Nach Belieben mit süßen oder pikanten Zutaten verfeinern. Insbesondere Zimt, Nelken, und Ingwer erhöhen die erwärmende Wirkung und die Bekömmlichkeit.

6.48 Reis-Dulse-Suppe

Stärkt Milz und Leber, reguliert Qi-Fluss, entspannt, baut Qi auf, verteilt. trocknet aus, leitet nach unten. Stärkt Magen-Qi. Wärmt Magen und Milz, harmonisiert den Darm, stärkt Qi-Funktion, reduziert Feuchtigkeit.
Kalorien p. Portion 190
Kochdauer ca. 5 min (+Grundrezept)
Thermische Wirkung: warm

Menge	Zutaten		
4 Tassen	Grundrezept für eine Reissuppe	empfehlenswert	
1/2 Liter	Grundrezept für eine Gemüsebrühe	empfehlenswert	
2 EL	Dulse (Lappentang)		W

Kochanleitung:
Eine Portion vorgekochtes Grundrezept für eine Reissuppe (Congee) mit vorgekochtes Grundrezept für eine Gemüsebrühe nahrhaft aufwärmen.
Dulse im Backofen bei 220 Grad 3 Min. backen. Die knusprige Dulse über die Suppe streuen.

6.49 Reisnudelsuppe mit Shiitakepilzen

Stärkt Milz und Leber, reguliert Qi-Fluss, entspannt, baut Qi auf, verteilt. trocknet aus, leitet nach unten. Stärkt Magen-Qi. Nährt Yin von Lunge, Magen und Dickdarm, unterstützt die Verdauung.

Kalorien p. Portion 65
Kochdauer ca. 20 Min. (+Grundrezept)
Thermische Wirkung: neutral

Menge	Zutaten		
2 Handvoll	Reisnudeln	ja	M
4-6 Stück	Shiitake, getrocknet	wenig	E
2 Tassen	Grundrezept für eine Gemüsebrühe	empfehlenswert	
1 Tasse	Chinakohl	ja	E
1 TL	Liebstöckel	empfehlenswert	M
2 EL	Miso	ja	W

Kochanleitung:
Reisnudeln und Shiitakepilze getrennt in kaltem Wasser einweichen.
Gemüsebrühe erhitzen und eingeweichte, in Streifen geschnittene
Shiitakepilze zugeben und sanft köcheln. Chinakohl nudelig schneiden,
Liebstöckelgrün und Reisnudeln dazugeben und kurz ziehen lassen.
Vor dem Servieren in etwas abgekühltem Kochwasser gelöstes Miso
einrühren.
Empfehlung: Geeignet zu Beginn jeder Mahlzeit, auch zum Frühstück

6.50 Reissuppe mit geraspelten Karotten und frischen Kräutern

Stärkt Milz und Leber, reguliert Qi-Fluss, befeuchtet, entspannt, baut Qi
auf, verteilt. Stärkt Niere und Blase.
Kalorien p. Portion 131
Kochdauer ca. 5 min.
Thermische Wirkung: neutral

Menge	Zutaten		
1 Tasse	Reis Wilder (Naturreis)	ja	M
6 Tassen	Wasser	ja	E
1 Stück	Karotte (Mohrrübe, Möhre)	empfehlenswert	E
1 Schuß	Sojasauce	wenig	W
1 TL	Butter Bio	weniger als angegeben	E
1 Prise	Kümmel	empfehlenswert	E
1 Prise	Curcuma (Gelbwurz)	empfehlenswert	
1 TL gehackt	Kräuter verschiedene	ja	

Kochanleitung:
In einer Portion vorgekochtem Reis-Congee eine geraspelte Karotte
weichkochen, Butter und Sojasauce dazugeben
Mit frischen Kräutern bestreuen
Gewürze und Kräuter : Schwarzkümmel, Kurkuma, Kardamom,
Petersilie, Salbei, Thymian, Basilikum, Rosmarin
Wintereinstieg : Pastinaken, Sellerie, Zwiebel, Lauch, Kürbis
Sommereinstieg : Zucchini, Frühlingszwiebel, Radieschen, Rucola

6.51 Reissuppe mit Nieren

Stärkt Nieren-Yang, erwärmend. Wärmt Magen und Milz, harmonisiert den Darm, stärkt Qi-Funktion, reduziert Feuchtigkeit. Reguliert Qi, wärmt Milz und Niere, löst Stagnation, leitet nach oben.
Kalorien p. Portion 301
Kochdauer ca. 1 1/2 Stunden
Thermische Wirkung: kühl

Menge	Zutaten		
1/2 Tasse	Reis Sorte beliebig	empfehlenswert	M
20 dag.	Rind Niere	ja	E
2 EL	Olivenöl	wenig	E
3 Tassen	Wasser	ja	E
1/2 TL	Ingwer frisch	wenig	M
2 Stück	Zwiebel Frühlingszwiebel	ja	M
1 Prise	Fenchelsamen gemahlen	ja	E
1 Prise	Pfeffer (gemahlen)	empfehlenswert	M
1 Prise gemahlen	Muskatnuss	empfehlenswert	M
1 Schuß	Sojasauce	wenig	W

Kochanleitung:
Klein geschnittene und gut gesäuberte Nieren in Öl, Ingwer und Frühlingszwiebeln anbraten. Zum dem nach Grundrezept vorbereiteten Reisbrei geben, mit Wasser aufgießen und mit gemahlenen Fenchelsamen, Pfeffer, Muskat und Sojasoße abschmecken.

Empfehlung: Schweine- und Rindernieren stärken das Qi der menschlichen Niere, vorausgesetzt sie sind von guter Qualität, d.h.. von kontrolliert biologisch aufgezogenen Tieren aus artgerechter Haltung. Die Nieren vom Schwein sind salzig-neutral; diejenigen vom Rind süß-warm.

6.52 Rinderkraftbrühe

Erwärmend und nährend, baut Qi, Blut und Säfte auf.
Kalorien p. Portion 124
Kochdauer ca. 2-6 Stunden
Thermische Wirkung: warm

Menge	Zutaten		
1 Liter	Wasser	ja	E
2 Spritzer	Zitrone	weniger als angegeben	H
500 g.	Rind Fleisch	empfehlenswert	E
2 Stück	Rind Fleischknochen	ja	E
gute Prise	Kurkuma (Gelbwurz)		F
2 Stück	Karotte (Mohrrübe, Möhre)	empfehlenswert	E
3 cm	Sellerie Knolle	empfehlenswert	E

1 Stück	Petersilienwurzel	empfehlenswert	E
1 Stück	Zwiebel weiss	ja	M
2-3 Blatt	Lorbeerblatt		M
1/2 TL	Koriander	empfehlenswert	M
2 cm.	Ingwer frisch	wenig	M
2 cm.	Wakame	weniger als angegeben	W
1 Stiel	Petersilie	empfehlenswert	H

Kochanleitung:

Kaltes Wasser aufsetzen (soviel, dass das Fleisch eben bedeckt wird), einige Spritzer Zitronensaft, etwas Kurkuma, Rindfleisch und Knochen dazugeben; zum Kochen bringen und einen Moment sieden lassen; dann die ganze Brühe weggießen, den Topf säubern, Fleisch und Knochen mit heißem Wasser abbrausen (dadurch erspart man sich das Abschäumen) und erneut mit heißem Wasser (Menge nach Belieben) aufsetzen; eine gute Prise Kurkuma, Karotte, Sellerie, Petersilienwurzel in den Topf geben; Zwiebel, Lorbeerblätter, Koriander, ein Stück in Scheiben geschnittenen Ingwer, einen Streifen Wakame, einen Stiel Petersilie dazugeben; alles zusammen aufkochen und 2- 6 Stunden köcheln lassen (wenn das Fleisch anderweitig verwendet werden soll, nimmt man es nach 1 1/2 - 2 Stunden aus der Brühe, sobald es gar ist; die Knochen gibt man zurück in die Brühe); nach Ende der Kochzeit die Brühe durch ein Sieb geben und alle Zutaten wegwerfen.

Hinweise: Je länger die Brühe gekocht hat, um so erwärmender, aber auch nährender ist sie. Sie ist nach dem Abkühlen 3- 4 Tage im Kühlschrank haltbar. Die Brühe kann heiß getrunken werden oder die Basis für Suppen mit Getreide, Kartoffeln und frischem Gemüse bilden.

6.53 Rindfleischsuppe mit buntem Gemüse und Pilzen

Nährend und leicht erwärmend, baut Qi und Säfte auf. Stärkt Milz-Qi, stärkt Blut und Qi, entspannt, baut Qi auf, verteilt. Bewegt Qi und Blut, diuretisch. Nährt Lungen-Yin, produziert Körpersäfte.
Kalorien p. Portion 142
Kochdauer ca. 2-6 Stunden
Thermische Wirkung: warm

Menge	**Zutaten**		
3/4 Liter	Wasser	ja	E
1 Spritzer	Zitrone	weniger als angegeben	H
1 Prise	Rosenpaprika		F
500 g.	Rind Fleisch	empfehlenswert	E
1 Tasse	Brokkoli geschnitten	ja	E
1 Tasse	Kohlrabi gewürfelt	empfehlenswert	E
2 cm.	Ingwer frisch	wenig	M
2 EL	Oregano frisch		M

Menge	Zutaten		
1 Spritzer	Sojasauce	wenig	W
2 EL	Weißwein	ja	H
4-6 Stück	Austernpilze	wenig	E
3-4 EL	Chinakohl geschnitten	ja	E
1 Prise	Pfeffer (gemahlen)	empfehlenswert	M
2-3 Stück	Zwiebel Frühlingszwiebel	ja	M
1 Prise	Salz	wenig	W

Kochanleitung:
Wenig kaltes Wasser aufsetzen (soviel, dass das Fleisch eben bedeckt wird); einen Spritzer Zitronensaft, eine Prise Rosenpaprika, Rindersuppenfleisch oder Beinscheibe zum Kochen bringen und einen Moment sieden lassen; dann die Brühe weggießen, das Fleisch mit heißem Wasser abbrausen (dadurch erspart man sich das Abschäumen), den Topf säubern und erneut das Fleisch in heißem Wasser aufsetzen; kleingeschnittene Stiele vom Broccoli, kleingeschnittenen Kohlrabi, ein Stück in Scheiben geschnittenen Ingwer dazugeben; köcheln, bis das Fleisch gar ist; reichlich getrockneten Oregano,Sojasoße, Weißwein oder Zitronensaft, etwas Rosenpaprika oder frischen Oregano, in Streifen geschnittene Austernpilze oder Shiitakepilze dazugeben, die Röschen vom Broccoli, kleingeschnittenen Chinakohl hineingeben; köcheln, bis die Zutaten gar sind; gemahlenen Pfeffer, reichlich kleingeschnittene Frühlingszwiebeln zufügen; kurz sieden lassen, mit Salz, Zitronensaft abschmecken.

6.54 Rindfleischsuppe mit Karotten, Lauch, Lorbeer

Stärkt Milz-Qi, stärkt Blut und Qi, befeuchtet, entspannt, baut Qi auf, verteilt. Stärkt Milz und Leber, reguliert Qi-Fluss. Stärkt Magen-Qi.
Kalorien p. Portion 194
Kochdauer ca. 2-3 Stunden
Thermische Wirkung: warm

Menge	Zutaten		
1/2 Kg.	Rind Fleisch	empfehlenswert	E
2 Stück	Karotte (Mohrrübe, Möhre)	empfehlenswert	E
1/2 Stück	Lauch (Porree)	ja	M
3 Blätter	Lorbeerblatt		M
1 EL	Mais Grieß (Polenta)	empfehlenswert	E
1/2 Liter	Wasser	ja	E
1 Prise	Salz	wenig	W

Kochanleitung:
Wenig kaltes Wasser aufsetzen (soviel, dass das Fleisch eben bedeckt wird); Rindersuppenfleisch oder Beinscheibe zum Kochen bringen und einen Moment sieden lassen; dann die Brühe weggießen, das Fleisch mit heißem Wasser abbrausen (dadurch erspart man sich das Abschäumen), den Topf säubern und erneut das Fleisch in heißem

Wasser aufsetzen; kleingeschnittene Karotte, Lauch, den Mais und Lorbeer hinzugeben; köcheln, bis das Fleisch gar ist.

6.55 Schwarzaugenbohnen-Eintopf

Stärkt Milz und Niere; ist sehr nahrhaft. Wärmt Magen und Milz, harmonisiert den Darm, stärkt Qi-Funktion. Stärken Magen und Niere, stärkt Milz und Niere.
Kalorien p. Portion 140
Kochdauer ca. 20 Min.
Thermische Wirkung: warm

Menge	Zutaten		
1 Tasse	Schwarzaugenbohnen	wenig	W
2 Tassen	Reis Sorte beliebig	empfehlenswert	M
10 Tassen	Wasser	ja	E

Kochanleitung:
Bohnen über Nacht einweichen. In einem Verhältnis von 1:2 die Bohnen mit dem Reis zusammen weich köcheln. Je nachdem, wie heiß die Flamme ist und wie dünn das Gericht sein soll, muss mehr Wasser hinzugefügt werden.

Variante: In Öl angebratene Gemüse wie Karotten, Sellerieknolle, Zwiebeln oder Lauch dazugeben.

6.56 Selleriesaft

Stärkt Magen-Qi, befeuchtet, entspannt, baut Qi auf, verteilt.
Kalorien p. Portion 33
Kochdauer ca. 5 Min.
Thermische Wirkung: kühl

Menge	Zutaten		
1/2 Stück	Sellerie Knolle	empfehlenswert	E
1 Tasse	Wasser	ja	E
1 Prise	Salz	wenig	W

Kochanleitung:
Seller Knolle entsaften und mit Wasser mischen und nach Bedarf salzen.

6.57 Suppe mit Eigelb

Stärkt Qi und Yang; ist sehr erwärmend.
Kalorien p. Portion 173
Kochdauer ca. 5 Min. (+Grundrezept)
Thermische Wirkung: warm

Menge	Zutaten		
1/4 Liter	Grundrezept für eine Rinderbrühe (klar)	ja	
1 Stück	Huhn Eigelb		E

Kochanleitung:
Suppe aufwärmen und den Dotter einquirreln.

6.58 Süße Polenta mit Pfirsich

Nährend und erwärmend, harmonisiert die Mitte.
Kalorien p. Portion 330
Kochdauer ca. 20 Min.
Thermische Wirkung: warm

Menge	Zutaten		
2 Tassen	Wasser	ja	E
1 Tasse	Mais Grieß (Polenta)	empfehlenswert	E
1/2 TL	Butter Bio	weniger als angegeben	E
1/2 TL	Gerstenmalz		E
1 Prise	Zimtpulver	empfehlenswert	M
1 Prise	Kardamom		M
1 Prise	Salz	wenig	W
1 Schuß	Zitrone	weniger als angegeben	H
2 EL	Rosinen	empfehlenswert	E
bis bedeckt ist	Apfelsaft (Naturtrüb)	wenig	E
2 Stück	Pfirsich	ja	E
2 EL	Haselnüsse	empfehlenswert	E

Kochanleitung:
Wasser erhitzen;
Polenta mit einem Schneebesen einrühren und gar kochen; etwas
Butter oder Sahne, Gerstenmalz oder Ahornsirup, Zimt, etwas
Kardamom, eine kleine Prise Salz, einige Tropfen Zitronensaft
dazugeben und alles gut durch rühren.

Separat ein Kompott zubereiten:
In einem heißem Topf Rosinen in etwas Apfel- oder Aprikosensaft
einige Minuten köcheln; vollreife Pfirsiche kleingeschnitten dazugeben
und erhitzen; über die auf Tellern angerichtete Polenta geben; mit
gerösteten Nüssen nach Belieben bestreuen.

6.59 Süsskartoffelpuffer mit Basilikum-Pesto

Stärkt Qi, Blut, Yin und Jing.
Kalorien p. Portion 625
Kochdauer ca. 30 Min.
Thermische Wirkung: warm

Menge	Zutaten		
4 Stück	Süßkartoffel	ja	E
1/2 Stück	Zwiebel rot	ja	M
1 EL	Basilikum	empfehlenswert	M
2 Stück	Huhn Ei	ja	E
80 g.	Dinkel Vollkornmehl	empfehlenswert	H
1 Prise	Salz	wenig	W
60 ml.	Olivenöl	wenig	E
1 TL (grobes)	Salz	wenig	W
1 Handvoll	Basilikum	empfehlenswert	M
1 Handvoll	Petersilie	empfehlenswert	H
2 Zehen	Knoblauch	wenig	M
60 g.	Walnüsse	empfehlenswert	E
2 EL	Olivenöl	wenig	E

Kochanleitung:
Süßkartoffelpuffer: Die Süßkartoffel gründlich waschen, aber nicht schälen und in eine große Schüssel raspeln. Zwiebel, Basilikum, Ei und Mehl zugeben, alles gut miteinander vermengen und dann etwas Salz drüberstreuen. Die Mischung ist locker, lässt sich aber zu Puffern formen. Im vorgeheizten Rohr auf einem mit Öl bestrichenen Backblech von beiden Seiten jeweils 4 bis 5 Minuten backen.

Basilikum-Pesto: Das Salz, die kleingehackten Basilikum und Petersilie sowie den gequetschten Knoblauch in einer kleinen Schüssel mit einem Löffel verreiben (wenn vorhanden den Mörser verwenden). Die geriebenen Walnüsse dazugeben. Unter ständigem Rühren soviel Olivenöl zumengen, bis die gewünschte Konsistenz erreicht wird.

6.60 Süßreis mit Äpfel

Leicht erwärmend und nährend stärkt die Mitte.
Kalorien p. Portion 155
Kochdauer ca. 25 Min.
Thermische Wirkung: neutral

Menge	Zutaten		
1 Tasse	Reis Süßer	empfehlenswert	M
6 Tassen	Wasser	ja	E
1 Tasse	Apfelsaft (Naturtrüb)	wenig	E
2 Stück	Apfel (süß)	ja	E
2 Stück	Aprikose	ja	E
1 Prise	Zimtpulver	empfehlenswert	M
1 Prise	Kardamom		M
1 Messerspitze	Ingwer Pulver	wenig	M
1 Prise	Salz	wenig	W
1/2	Zitrone in Stücke geschnitten	weniger als angegeben	H
1 Prise	Kakao	empfehlenswert	F

2 EL	Mandelmus	ja	E
1 EL	Gerstenmalz		E
2 EL	Haselnüsse	empfehlenswert	E

Kochanleitung:
In heißem Wasser Süßreis gar kochen. Danach: In einem heißen Topf Apfelsaft erhitzen; süße Äpfel kleingeschnitten, Aprikosen oder anderes süßes Obst (neutral oder warm), Zimt, Kardamom, Ingwer gerieben, eine kleine Prise Salz, geriebene Zitronenschale, wenig Kakao dazugeben und einige Minuten köcheln; den gekochten Süßreis, etwas Mandelmus, etwas Gerstenmalz unterrühren und erhitzen; mit gerösteten Nüssen bestreuen.

6.61 Tafelspitz nach klassischer Art

Stärkt Milz-Qi, stärkt Blut und Qi, befeuchtet, entspannt, baut Qi auf, verteilt. Stärkt Qi, stärkt Milz, lindert Entzündungen, befeuchtet.
Kalorien p. Portion 453
Kochdauer ca. 3 Stunden
Thermische Wirkung: warm

Menge	**Zutaten**		
1 Stück	Zwiebel weiss	ja	M
1 EL	Maiskeimöl		E
3 1/2 l.	Wasser	ja	E
2 Kg Tafelspitz	Rind Fleisch	empfehlenswert	E
4-6 Scheiben	Rind Fleischknochen mit Mark	ja	E
1 Prise	Salz	wenig	W
15 Stk.	Pfeffer Körner	empfehlenswert	M
1 Stück	Pastinake	empfehlenswert	F
2 Stück	Karotte (Mohrrübe, Möhre)	empfehlenswert	E
1 Scheibe	Sellerie Knolle	empfehlenswert	E
2 Stück	Petersilienwurzel	empfehlenswert	E
1/2 Stange	Lauch (Porree)	ja	M
1 EL gehackte	Lauchzwiebel Schnittlauch	empfehlenswert	M
1 Kg	Kartoffel	ja	E
2 EL	Sonnenblumenöl	wenig	E
1 Prise	Salz	wenig	W

Kochanleitung:
Zwiebeln halbieren, aber nicht schälen. Zwiebeln in einer Pfanne mit Fett an den Schnittflächen sehr dunkel bräunen. Fleisch und Knochen kurz mit warmen Wasser waschen, abtropfen lassen.
Wasser aufkochen, Fleisch einlegen und schwach wallend kochen.
Aufsteigenden Schaum ständig abschöpfen. Sobald kein Schaum mehr aufsteigt, Pfefferkörner und die Zwiebel zugeben. Wurzelwerk und Lauch putzen und nach ca. zweieinhalb Stunden Garzeit zugeben.
Tafelspitz noch eine weitere halbe Stunde köcheln lassen.

Tafelspitz aus der Suppe heben, durch ein Sieb gießen und mit Salz abschmecken. Wurzelwerk in mundgerechte Stücke schneiden. Gemeinsam mit den Markknochen in die Suppe geben und unter dem Siedepunkt ziehen lassen. Tafelspitz gegen den Faserlauf in fingerdicke Scheiben schneiden, in die Suppe legen, nochmals erhitzen, mit ein wenig Schnittlauch bestreuen.
Nebenbei die Kartoffeln in Salzwasser garen und schälen. Grob stampfen oder feinwüfelig schneiden. In einer Pfanne mit dem Öl knusprig anbraten.

6.62 Tee Ginseng-Tee

Stärkt Herz, Lunge, Magen, Milz, Nieren-Qi.
Kalorien p. Portion 0
Kochdauer ca. 20 Min.
Thermische Wirkung: warm
Therapeutisches Rezept

Menge	Zutaten		
2 Teebeutel	Ginseng		
1/2 Liter	Wasser	ja	E

Kochanleitung:
Eine sehr milde Form der Einnahme von Ginseng erreicht man, wenn man ihn in eine Thermoskanne mit heißem Wasser legt. Dabei kann man die Wurzel auch mehrmals verwenden, also nicht nur für eine Kannenfüllung. Idealerweise sollte man das Wasser 10 Minuten lang gekocht haben - es wird dann der Wandlungsphase Feuer zugeordnet - und Heilquellenwasser ohne Kohlensäure benutzen, wenn die Qualität des Wassers vor Ort nicht gut ist.

Einnahme: Dieser milde Ginsengtee kann zur Kräftigung den ganzen Tag über getrunken werden.

6.63 Tee Rosmarintee

Trocknet aus, leitet nach unten. Stärkt Herz, Lunge und Milz-Qi, Stärkt Leber-Blut. Stärkt Herz-Yin. Vertreibt Milz Hitze/Kälte Feuchtigkeit. Stärkt Milz- und Nieren-Yang
Kalorien p. Portion 1
Kochdauer ca. 15 Min.
Thermische Wirkung: warm
Therapeutisches Rezept

Menge	Zutaten		
2-4 TL	Rosmarin	empfehlenswert	F
1/2 Liter	Wasser	ja	E

Kochanleitung:
Wasser zum sieden bringen und wegstellen. Rosmarin dazugeben und 10 min. ziehen lassen. Ev. mit Honig süßen.

6.64 Tee Wacholderbeeren

Trocknet aus, leitet nach unten, Aktiviert Wei Qi.
Kalorien p. Portion 10
Kochdauer ca. 10 Min.
Thermische Wirkung: warm

Menge	Zutaten		
1 TL	Wacholderbeere	empfehlenswert	F
1 Tasse	Wasser	ja	E

Kochanleitung:
Ein Teelöffel getrocknete Wacholderbeeren für eine Tasse Tee. Kalt ansetzen und kurz aufkochen. 15 Minute ziehen lassen, dann abseihen. Dieser Tee wird ungesüßt und schluckweise, langsam getrunken. Die Menge reicht für einen Tag.

6.65 Tee Zimt

Erwärmt Magen und Milz, fördert Durchblutung und Leitbahnfluss, lindert Kälte-Übel und Schmerzen.
Kalorien p. Portion 2
Kochdauer ca. 15 Min.
Thermische Wirkung: heiß

Menge	Zutaten		
1/4 Stück	Zimtstange	empfehlenswert	M
1 Tasse	Wasser	ja	E

Kochanleitung:
Ein viertel Stange Zimt für eine Tass Tee. Kalt ansetzen und kurz aufkochen. 15 Minute ziehen lassen, dann abseihen.
Dieser Tee wird ungesüßt und schluckweise, langsam getrunken. Die Menge reicht für einen Tag.

6.66 Wärmender Haferflockenbrei

Stärkt Qi und Abwehrkraft.
Kalorien p. Portion 357
Kochdauer ca. 10 Min.
Thermische Wirkung: warm

Menge	Zutaten		
6 EL	Hafer Flocken (Vollkorn)	empfehlenswert	M
3 Stück	Feige getrocknet	ja	E

1 Stück	Sternanis	empfehlenswert	M
1 Prise	Ingwer frisch	wenig	M
1 Tasse	Wasser	ja	E
1 EL	Ahornsirup	ja	E
1 EL gehackte	Walnüsse	empfehlenswert	E

Kochanleitung:
Trockenfrüchte einweichen. Haferflocken trocken anrösten; Trockenfrüchte, Sternanis oder Zimt, etwas geriebenen Ingwer dazugeben und alles mit Wasser zu einem Brei kochen. Mit Ahornsirup süßen. Walnüsse rösten und vor dem Servieren drüberstreuen.

Wirkung: Eignet sich gut für die kalte Jahreszeit.
Vorsicht: Frischen Ingwer nicht über einen längeren Zeitraum trinken.

7 Wirkung der Lebensmittel

7.1 Zutaten verwenden: empfehlenswert

Anis (gemeiner Fenchel) 378
Aprikose getrocknet...249
Barsch 121
Basilikum 27
Basilikum (frisch)..27
Bohnenkraut...50
Boxhornkleesamen...-
Brennnessel 24
Buchweizen (geröstet) Kasha ....-
Chili (Schote oder gemahlen)...341
Cumin (Kreuzkümmel)...411
Curcuma (Gelbwurz) ....-
Datteln getrocknet 325
Dill 43
Dinkel Brot..337
Dinkel Grieß 337
Dinkel Vollkornmehl...337
Estragon 52
Fenchel...31
Fischstücke gemischt (Süßwasser)..100
Forelle 105
Getreidekaffee...-
Graskarpfen...-
Grundrezept für eine Fischbrühe...82
Grundrezept für eine Gemüsebrühe nahrhaft 19

7.2   Zutaten verwenden: ja

7.3   Zutaten verwenden: wenig

7.4 Kontraindikativ wirkende Lebensmittel nicht verwenden

Agar-Agar, Agartang
Amaranth
Ananas
Ananas (aus der Dose)
Ananassaft ungezuckert
Avocado
Banane
Banane Kochbanane
Bier (Pils)
Butter Bio
Buttermilch
Chlorella (Süßwasser)
Creme fraiche
Grundrezept für eine
Entenbrühe
Gurke
Hafer
Hafer Flocken geröstet
Hirsch Fleisch
Hirse
Hirseflocken
Honigmelone
Joghurt (Natur, 1,5 % Fett)

Joghurt (Natur, 3,5 % Fett)
Karambole/Sternfrucht
Kaviar
Kefir
Kiwi
Klettenwurzeltee
Kombualge
Krabbe
Löwenzahn (junger)
Löwenzahnwurzeltee
Mango
Mangold
Maulbeerfrucht
Meeräsche
Meereskrebs
Miesmuscheln
Mineralwasser
Mittelmeerfisch (Kabeljau,
Scholle, Schellfisch, Seeaal,
Makrele)
Orange
Orangensaft
Papaya

Pflaume
Quargel 20%
Reh Fleisch
Rhabarber
Sahne, süß 30%
Sake
Sauerampfer
Sauermilch
Weizen
Weizen Bier
Weizen Bulgurweizen
Weizen Flocken
Weizen Gras Pulver
Weizen Grieß
Weizen Grieß - Kindergrieß

Sauerrahm 15% Fett
Schafgarbentee
Schwarztee
Tomate
Topfen 20%
Topfen 40%
Wakame
Wassermelone
Weizen Mehl
Weizenkleie
Yogitee
Zitrone
Zitrone Saft
Zitrone, Limette

8 Kräuter aus den Rezepten und deren Wirkungen

8.1 Basilikum

Wirkt wohltuend bei Blähungen und Übelkeit, entkrampfend und beruhigend.
Trocknet aus, leitet nach unten.

8.2 Beifuß

Reduziert Blutungen, lindert Schmerzen. In der Küche wird Beifuß als Gewürz für fettes Essen benutzt. Da er viele Bitterstoffe enthält, kurbelt er die Fettverbrennung an und fördert die Verdauung.

8.3 Bohnenkraut

Magenstärkend und antibakteriell, beruhigend und appetitanregend. Stärkt die Abwehr.
Tonisiert das Nieren-Yang, das Herz-Qi, den Magen und das Milz-Qi und erwärmt die Mitte, bewegt das Leber-Qi und das Blut, leitet Schleim und Kälte aus der Lunge, öffnet die Oberfläche, leitet Wind-Kälte aus.

8.4 Dill

Gegen Blähungen, krampflösend bei Magen-Darm-Beschwerden

Bewegt Qi, löst Stagnation, leitet nach oben.

8.5 Koriander

Fördert Verdauung.
Schweiß treibend, reduziert Wind.

8.6 Kresse

Harntreibend, unterstützt das Wasserlassen.
Bewegt Qi und Blut, diuretisch, kühlt bei innerer Hitze, befeuchtet Lunge,
löst Stagnation, leitet nach oben.

8.7 Lauchzwiebel Schnittlauch

Bakterizid, beugt Krebs vor, stärkt Magensaftproduktion, fördert
Verdauung und Durchblutung, fördert das Wachstum, löst
Stagnation.
Leitet nach oben.

8.8 Liebstöckel

Regt Verdauung an, reduziert Schmerzen.
Reduziert inneren Wind, Feuchtigkeit, löst Stagnation, leitet nach oben.

8.9 Lilienzwiebel

Beruhigt Nerven.

8.10 Oregano frisch

Fördert Verdauung
Trocknet aus, leitet nach unten.

8.11 Petersilie

Regt Leberfunktion an, entgiftet.
Nährt Blut und Leber, harmonisiert Leber und Milz, stärkt Sehkraft,
bewahrt die Säfte, zieht zusammen.

8.12 Pfefferminze

Entkrampft, befreit Lunge und Nase (Inhalieren), reguliert Zyklus.
Kühlt Hitze, vertreibt Schleim, Leitet Wind Kälte und Wind Hitze aus,
bewegt Ma Qi, löst Stau.

8.13 Rosmarin

Fördert Verdauung, stärkt Lunge, Milz und Niere.
Trocknet aus, leitet nach unten. Stärkt Herz, Lunge und Milz-Qi, Stärkt
Leber-Blut. Stärkt Herz-Yin. Vertreibt Milz Hitze/Kälte Feuchtigkeit. Stärkt
Milz- und Nieren-Yang

8.14 Salbei

Trocknet aus, gegen Hefepilzinfektionen.
Vertreibt Schleim, leitet nach unten, Aktiviert Wei Qi, stärkt Qi.

8.15 Schwarzkümmel

entkrampfend, immunregulatorisch. Außerdem soll das Öl die Bildung
von Knochenmarkszellen anregen und allgemein
Körperzellen vor Viren schützen.

8.16 Thymian getrocknet

Stärkt Lunge und Milz.

8.17 Zitronenmelisse (frisch)

Anregend, antibakteriell, aufmunternd, beruhigend, entspannend,
krampflösend, kühlend, pilzhemmend, schmerzstillend,
schweißtreibend, virushemmend, Erkältung, Fieber, Grippe, Husten,
Bronchitis, Asthma, Appetitlosigkeit, Blähungen, Sodbrennen.

9 Grundlagen der Ernährung

Die hier beschriebenen Grundlagen der Ernährung zeigen allgemeine Empfehlungen und beziehen sich nicht auf eine spezielle Therapieform. Die Empfehlungen der Therapie haben Vorrang.

9.1 Ernährung

Die regelmäßige Einnahme von Mahlzeiten in entspannter Atmosphäre. Ein wärmendes Frühstück gilt als guter Start in den Tag. Mittags sollte die Hauptmahlzeit stattfinden - das Abendessen am frühen Abend.

Die Beachtung von Hunger- und Sättigungsgefühlen: Nicht überessen und nicht hungern, so lautet die Regel.

Die frische Zubereitung der Speisen aus naturbelassenen, regionalen Produkten. Tiefgekühlte, hitzekonservierte, industriell vorgefertigte oder mikrowellengegarte Lebensmittel werden abgelehnt.

Die Auswahl von Lebensmittel nach der Jahreszeit: Im Sommer mehr kühlende Nahrung, im Winter mehr wärmende Nahrung.

Mindestens zweimal am Tag Gekochtes essen. Speisen und Getränke sollen möglichst handwarm, niemals eiskalt oder heiß sein.

Rohkost, kurz gegartes Gemüse, frisch gepresste Säfte und Mineralwasser werden üblicherweise nicht empfohlen. Milch und Milchprodukte stehen nur dann auf dem Speiseplan, wenn sie problemlos vertragen werden.

Therapeutische Rezepte nicht über einen längeren Zeitraum ohne Rücksprache mit dem Arzt oder Therapeuten einnehmen.

1. Vielseitig essen
Lebensmittelvielfalt genießen. Merkmale einer ausgewogenen Ernährung sind abwechslungsreiche Auswahl, geeignete Kombination und angemessene Menge nährstoffreicher und energiearmer Lebensmittel. (Einerseits Schutz vor Unterversorgung mit essentiellen Nährstoffen und andererseits Schutz vor einer überhöhten Zufuhr unerwünschter Inhaltsstoffe.)

2. Reichlich Getreideprodukte - und Kartoffeln
Brot, Nudeln, Reis, Getreideflocken (am besten aus Vollkorn), sowie

Kartoffeln enthalten kaum Fett, aber reichlich Vitamine, Mineralstoffe, Spurenelemente sowie Ballaststoffe und sekundäre Pflanzenstoffe. Diese Lebensmittel sollten mit möglichst fettarmen Zutaten verzehrt werden.

3. Gemüse und Obst - Nimm "5" am Tag ...
5 Portionen Gemüse und Obst am Tag, möglichst frisch, nur kurz gegart, oder auch eine Portion als Saft – idealerweise zu jeder Hauptmahlzeit und auch als Zwischenmahlzeit: Damit werden reichlich Vitamine, Mineralstoffe sowie Ballaststoffe und sekundären Pflanzenstoffe (z.B. Carotinoiden, Flavonoiden) zugeführt. Das Beste, was man für die eigene Gesundheit tun kann.

4. Täglich Milch und Milchprodukte, ein- bis zweimal in der Woche
Fisch; Fleisch, Wurstwaren sowie Eier in Maßen. Diese Lebensmittel enthalten wertvolle Nährstoffe, wie z.B. Calcium in Milch, Jod, Selen und Omega-3-Fettsäuren in Seefisch. Fleisch ist wegen des hohen Beitrags an verfügbarem Eisen und an den Vitaminen B1, B6 und B12 vorteilhaft. Mengen von 300 - 600 g Fleisch und Wurst pro Woche reichen hierfür aus. Fettarme Produkte bevorzugen, vor allem bei Fleischerzeugnissen und Milchprodukten.

5. Wenig Fett und fettreiche Lebensmittel
Fett liefert lebensnotwendige (essenzielle) Fettsäuren und fetthaltige Lebensmittel enthalten auch fettlösliche Vitamine. Fett ist besonders energiereich, daher kann zu viel Nahrungsfett Übergewicht fördern, möglicherweise auch Krebs. Zu viele gesättigte Fettsäuren fördern langfristig die Entstehung von Herz-Kreislauf-Krankheiten. Pflanzliche Öle und Fette bevorzugen (z.B. Raps-, Oliven- und Sojaöl und daraus hergestellte Streichfette). Auf unsichtbares Fett achten, das in Fleischerzeugnissen, Milchprodukten, Gebäck und Süßwaren sowie in Fast-Food- und Fertigprodukten meist enthalten ist Insgesamt 70 - 90 Gramm Fett pro Tag reichen aus.

6. Zucker und Salz in Maßen
Nur gelegentlich Zucker und Lebensmittel, bzw. Getränke verzehren, die mit verschiedenen Zuckerarten (z.B. Glucosesirup) hergestellt wurden. Kreativ mit Kräutern und Gewürzen und wenig Salz würzen. Jodiertes Speisesalz bevorzugen.

7. Reichlich Flüssigkeit
Wasser ist absolut lebensnotwendig. Jeden Tag rund 1-2 Liter Flüssigkeit trinken. Wasser (ohne oder mit Kohlensäure) und andere kalorienarme Getränke bevorzugen. Alkoholische Getränke sollten nicht konsumiert

werden.

8. Schmackhaft und schonend zubereiten

Die jeweiligen Speisen bei möglichst niedrigen Temperaturen garen, soweit es geht kurz, mit wenig Wasser und wenig Fett - das erhält den natürlichen Geschmack, schont die Nährstoffe und verhindert die Bildung schädlicher Verbindungen.

9. Sich Zeit nehmen und das Essen genießen

Bewusstes Essen hilft, richtig zu essen. Auch das Auge isst mit. Sich beim Essen Zeit lassen. Das macht Spaß, regt an, vielseitig zuzugreifen und fördert das Sättigungsempfinden.

10. Auf das Gewicht achten und in Bewegung

Ausgewogene Ernährung, viel körperliche Bewegung und Sport (30 bis 60 Minuten pro Tag) gehören zusammen. Mit dem richtigen Körpergewicht fühlt man sich wohl und fördert die Gesundheit.
Thermik, Wirkrichtung, Verdauungskraft
Es gibt unterschiedliche Kriterien, die Wirksamkeit von Kräutern und Lebensmittel zu beurteilen. Der Einsatz der Kräuter und Zutaten basiert auf Beobachtung, was die Lebensmittel, Kräuter und Gewürze nach ihrem Verzehr im Körper bewirken. In der Medizin hat sich daraus folgendes System entwickelt: Jede Zutat oder Kraut hat eine Wirkrichtung. Außerdem gibt es noch Kräuter, die eine besondere Wirkung auf bestimmte Organe haben.

Voraussetzung für einen gesunden Stoffwechsel ist es, darauf zu achten, dass wir ausreichend Energie aus der Nahrung gewinnen und der Verdauungsprozess so wenig Energie wie möglich verbraucht. Eine bekömmliche Mahlzeit macht zufrieden und satt, verursacht keine Blähungen und keine Müdigkeit nach dem Essen. Richtiges Würzen erhöht die Bekömmlichkeit unserer Speisen. Es genügen oft schon geringe Mengen an Kräutern und Gewürzen. Sie dienen nicht dazu, uns satt zu machen, sondern helfen unseren Verdauungsorganen, die Nahrung zu verdauen.

9.2 Rezepte

Die Rezepte zeigen Ihnen welche Zutaten verwendet werden, sowie mit der Kochanleitung wie diese zubereitet werden. Bei den Zutaten wird neben den Mengenangaben auch die Wichtigkeit für die Therapie, das Wärmeverhalten sowie das Element angezeigt. Wenn dabei angezeigt wird "weniger als angegeben" versuchen Sie diese Empfehlung einzuhalten oder eine Alternative aus der Liste der "Empfohlenen Lebensmittel" zu finden. Meistens ist es nur eine leichte geschmackliche Änderung wenn Sie diese Zutat gänzlich weglassen.

Schonende Kochmethoden: Kochen, dämpfen, pochieren, dünsten
Scharfe Kochmethoden: Grillen, rösten, anbraten, räuchern
Ausgeglichene Kochmethoden: Frittieren, Römertopf

Auf das Einfrieren und erwärmen in der Mikrowelle sollte verzichtet werden (Denaturierung).

9.2.1 Rezepte nach Folge der Elemente kochen

In der TCM werden die Zutaten der Rezepte möglichst in der Reihenfolge der Elemente verwendet, welches eine erhöhte Bekömmlichkeit und energetische Qualität ergibt. Den Beginn macht die Kochmethode mit der begonnen wird. Wird in einer Pfanne oder Topf etwas erwärmt ist das Element das Feuer. Diese 5 Elemente stehen in Beziehung zueinander und haben eine natürliche Reihenfolge, die den Jahreszeiten entspricht.
Metall - Wasser - Holz - Feuer - Erde.
So stärkt das jeweilige Element das das ihm nachfolgende. Die Zutaten können dann in Gruppen der jeweiligen Elemente beigegeben werden. Es sollten nach Möglichkeit immer alle 5 Elemente in einer Speise vorhanden sein. Das Element mit dem man aufhört, ist am wirksamsten. Das bedeutet, gebe Sie am Ende noch etwas Petersilie über das Gericht, hat es den größten Einfluss auf die Leber, da sowohl Petersilie als auch die Leber zum Holzelement zählen.

Wenn Sie nach dieser Methode kochen wollen, sollten Sie bei einem TCM-Ernährungsberater oder einem TCM-Kochkurs weitere Feinheiten kennen lernen. Grundlagen sehen Sie auf:
https://de.wikipedia.org/wiki/Fünf-Elemente-Lehre

Organ	Element
Leber, Galle	Holz
Herz, Dünndarm	Feuer
Milz, Magen	Erde
Lunge, Dickdarm	Metall
Nieren, Blase	Wasser

9.3 Lebensmittel

In der Traditionell Chinesischen Medizin werden alle Lebensmittel den 5 Elementen Holz, Feuer, Erde, Metall und Wasser zugeordnet.

Lebensmittel wirken wie Heilkräuter auf Körper und Geist, nur wesentlich sanfter. Die Ernährungsberatung stützt sich hauptsächlich auf heimische Lebensmittel. Das Wissen über die Wirkungsweisen jedes einzelnen Lebensmittels und das Wissen wann welche Lebensmittel zur Anwendung kommen, entstammt der Schulmedizin. Verwende Sie möglichst Erzeugnisse aus ökologischen-biologischem Landbau.

Da wegen der besseren Verdaulichkeit grundsätzlich alles lange gekocht und kaum roh gegessen wird, ist die Verträglichkeit hervorragend.

Die Einteilung der Lebensmittel entsprechend ihrer Wirkung auf den Körper und bildet die Basis, um einen ausgewogenen und harmonischen Gesundheitszustand im Körper zu erreichen.

Grundsätzlich empfiehlt die Ernährungsberatung keine bestimmten Lebensmittel für Jedermann. Ausschlaggebend für den individuellen Speiseplan ist vor allem die persönliche Konstitution.

Kaufen Sie nur frisches und reifes Obst und Gemüse ein. Braune Stellen, welke Blätter aber auch unreifes Obst und Gemüse sollten Sie im Supermarkt zurücklassen. Greifen Sie dann zu Tiefkühlware (keine Fertiggerichte!). Tiefkühlobst und -gemüse werden kurz nach dem Ernten schockgefroren und enthalten deshalb oftmals mehr Vitamine und Mineralstoffe, als die Ware aus der Obst- und Gemüsetheke! Konserven- und Dosenware dagegen enthält wesentlich weniger Biostoffe. Zudem werden Letztere meist mit Salz, Zucker usw. angereichert. Lassen Sie die Zutaten nach dem Waschen nie im Wasser liegen, denn so gehen viele Vitalstoffe ins Wasser über! Putzen Sie Salate, Früchte und Gemüse erst unmittelbar vor Verzehr.

Beachten Sie bitte die hygienische Verarbeitung der Lebensmittel. Waschen Sie Ihre Salate, Früchte und Gemüse gründlich. Bei Gerichten mit Fleisch bereiten Sie zuerst die Zutaten vor und verarbeiten dann die Fleischprodukte. Reinigen Sie danach die Arbeitsflächen und Werkzeuge besonders gründlich. Holzunterlagen sollten regelmäßig mit leichtem Desinfektionsmittel behandelt werden um die Keimbildung einzuschränken.

Bewahren Sie Obst und Gemüse möglichst getrennt voneinander auf. Auch geerntete Früchte und Gemüse leben und strömen z.B. Ethylengas aus, das andere Sorten schneller reifen und altern lässt. Fleisch und Fisch in der verschlossenen Verpackung lassen oder in luftdichten Boxen im Kühlschrank aufbewahren.

9.4 Kräuter

Bei der Aufbewahrung und Lagerung von Heilkräutern, müssen gewisse Grundregeln beachtet werden. Grundsätzlich müssen Heilkräuter geschützt vor direkter Sonneneinstrahlung, vor Feuchtigkeit und vor heißen Temperaturen gelagert werden.

Als Gefäße für die Lagerung von Heilkräutern können Gläser, Keramik-Behälter und zur Not auch Plastik-Dosen eingesetzt werden. Plastik ist aber ein sehr unreines Material und sollte daher wirklich nur eine kurzfristige Notlösung sein. Bei Glasbehältern ist darauf zu achten, dass dunkles Glas verwendet wird.

Heilkräuter können nicht beliebig lange aufbewahrt werden. Die Haltbarkeit von Heilkräutern ist auf jeden Fall begrenzt. Durch die Haltbarkeitsdauer kann durch sachgerechte Lagerung wesentlich erhöht werden. So soll der Lagerplatz dunkel, eher kühl und absolut trocken sein. Ein Medizinschrank aus Holz, der nicht direkt bei einer Wärmequelle platziert ist wäre ideal. Um Ihre Heilkräuter nicht wegwerfen zu müssen, kaufen Sie nicht zu große Mengen an Heilpflanzen. Beschriften Sie die Behälter mit dem Namen des Heilkrauts und dem Datum der Ernte bzw. der Verarbeitung.

10 Weitere Ernährungsvorschläge

Folgende Syndrome der Diätetik, der TCM oder als Therapieergänzung bei Krebs sind verfügbar.

DIÄTETIK

1. Ernährung des Säuglings - Beikost
2. Ernährung in der Stillzeit
3. Ernährung im Alter
4. Ernährung von Kindern und Jugendlichen
5. Ernährung von Sportlern
6. Leichte Vollkost
7. Schwangerschaft
8. Vollkost

Eiweiß und Elektrolyt – Nieren
9. (Hämo-)Dialysebehandlung
10. Akutes Nierenversagen
11. Chronische Niereninsuffizienz
12. Nephrotisches Syndrom
13. Nierensteine (Nephrolithiasis)

Gastrointestinaltrakt - Bauchspeicheldrüse
14. Akute Pankreatitis (Entzündung der Bauchspeicheldrüse)
15. Chronische Pankreatitis (Entzündung der Bauchspeicheldrüse)

Gastrointestinaltrakt - Dünndarm und Dickdarm
16. Akute Obstipation (Verstopfung)
17. Chronische Obstipation (Verstopfung)
18. Colon irritabile
19. Divertikulitis
20. Erworbene Laktoseintoleranz (Laktosemalabsorption)
21. Fruktosemalabsorption
22. Glutensensitive Enteropathie (Zöliakie)
23. Kolektomie
24. Kurzdarmsyndrom

Gastrointestinaltrakt - Leber, Gallenblase, Gallenwege
25. Akute und chronische Hepatitis (Entzündung der Leber)
26. Cholelithiasis (Gallensteine)
27. Fettleber
28. Leberzirrhose

Gastrointestinaltrakt - Magen und Zwölffingerdarm
29. Akute Gastritis
30. Chronische Gastritis
31. Magenblutung
32. Ulcus ventriculi und Ulcus duodeni
33. Zustand nach Magenoperation

Gastrointestinaltrakt - Mundhöhle und Speiseröhre
34. Mundschleimhautentzündung
35. Ösophaguskarzinom (Speiseröhrenkrebs)
36. Reflüxösophagitis (Sodbrennen)

spezielle Krankheiten
37. Phenylketonurie (PKU)

38. Rheumatische Gelenkserkrankungen
Stoffwechsel
39. Adipositas (Übergewicht)
40. Diabetes mellitus
41. Essstörungen (Untergewicht)
Fettstoffwechsel
42. Hypercholesterinämie (erhöhter Cholesterinspiegel)
43. Hepatische Enzephalopathie
Herz- und Kreislauf
44. Arteriosklerose (Arterienverkalkung)
45. Herzinsuffizienz
46. Hypertonie (Bluthochdruck)
47. Hyperurikämie und Gicht
veränderter Nährstoffbedarf
48. bei Fieber
49. bei malignen Erkrankungen
50. nach Verbrennungen
51. Strahlen- und Chemotherapie

KREBS
100. Bauchspeicheldrüse
101. Blasenkrebs
102. Blutkrebs (Leukämie)
103. Brustkrebs
104. Darmkrebs
105. Magenkrebs
106. Nierenkrebs
107. Speiseröhrenkrebs

TCM
200. Blase - Feuchte Hitze in der Blase
201. Blase - Feuchtigkeit und Kälte in der Blase
202. Blase - Leere und Kälte in der Blase
203. Dickdarm - äussere Kälte befällt den Dickdarm
204. Dickdarm - Feuchte Hitze im Dickdarm
205. Dickdarm - Hitze blockiert den Dickdarm II akut
206. Dickdarm - Trockenheit des Dickdarms
207. Dickdarm - Yang Mangel (Kälte)
208. Herz - Blut Mangcl
209. Herz - Blut Stagnation
210. Herz - Feuer
211. Herz - Heisser Schleim verstopft die Herzporen
212. Herz - Kalter Schleim verstopft die Herzporen
213. Herz - Qi Mangel
214. Herz - Yang Mangel
215. Herz - Yin Mangel
216. Leber - aufsteigender Leber-Yang
217. Leber - Blut-Mangel
218. Leber - Blut-Stagnation
219. Leber - feuchte Hitze in Leber und Gallenblase
220. Leber - Feuer
221. Leber - Gallenblase Qi-Leere
222. Leber - Kälte im Lebermeridian

223. Leber - Qi-Stagnation
224. Leber - Wind
225. Leber - Wind mit aufsteigendem Leber Yang
226. Leber - Wind mit Blutleere
227. Leber - Wind mit extremer Hitze
228. Lunge - Qi Mangel
229. Lunge - Schleim-Feuchtigkeit in der Lunge
230. Lunge - Schleim-Hitze in der Lunge
231. Lunge - Schleim-Kälte in der Lunge
232. Lunge - Trockenheit der Lunge
233. Lunge - Wind-Hitze befällt die Lunge
234. Lunge - Wind-Kälte befällt die Lunge
235. Lunge - Yin Mangel
236. Magen - Blutstagnation
237. Magen - Feuer
238. Magen - Magenkälte mit Flüssigkeit
239. Magen - Nahrungsstagnation
240. Magen - Qi Mangel
241. Magen - rebellierendes Magen Qi
242. Magen - Yin Leere
243. Milz - Hitze und Feuchtigkeit befällt die Milz
244. Milz - Kälte und Feuchtigkeit befällt die Milz
245. Milz - Qi Mangel
246. Milz - Qi Mangel + Absinkendes MilzQi
247. Milz - Qi Mangel + Milz kontrolliert das Blut nicht
248. Milz - Yang Mangel
249. Niere - Herz und Niere kommunizieren nicht mehr
250. Niere - Jing Mangel
251. Niere - Nieren können das Qi nicht empfangen
252. Niere - Qi ist nicht fest
253. Niere - Yang Mangel
254. Niere - Yin Mangel

11 EBNS - Software für die Ernährungsberatung

Die Hauptaufgabe der Datenbank ist eine „**personalisierte Ernährungsberatung**" für jeden Patienten individuell. Die Datenbank wurde für die Diätetik und Traditionellen Chinesischen Medizin entwickelt. Sie Unterstützt bei der Ausbildung und Beratung im Arbeitsalltag.

Das Computerprogramm liefert Listen von Rezepten, Zutaten und Kräuter, welche dem Klienten mitgegeben werden. Individuell nach Patienten-Wunsch von Vollkost bis Vegetarier (Lacto-, Ovo-, ...) einstellbar. Zu jedem Register gibt es ein INFOBLATT welches einmal dem Klienten mitgegeben werden kann.

Die Syndrome sind kombinierbar und ergeben eine Schnittmenge der empfehlenswerten Rezepte und Zutaten. Die automatisierte Diagnose für die TCM ermöglicht Ihnen während der Ausbildung Ihre Erfahrungen zu überprüfen sowie im Arbeitsalltag ihre Diagnose zu bestätigen. Sie wählen mehrere vordefinierte Symptome und lassen sich vom Programm die relevanten Syndrome automatisch anzeigen.

Wie Sie mit der Datenbank arbeiten können:
Sie können alle Werte verändern, neue Symptome oder Syndrome anlegen, Rezepte entwickeln, verändern oder Zutaten und Kräuter an Ihre Erkenntnisse anpassen. In der einfachen Klientenverwaltung werden alle relevanten Daten zu der Person gespeichert. Sie bekommen einen Überblick über die zurückliegenden Diagnosen und die Entwicklung des Krankheitsverlaufes.

Als Berater sparen Sie viel Zeit, wenn Sie für die erkannten Syndrome die Rezept-, Lebensmittel- und Kräuterlisten ausdrucken und den Klienten mitgeben. Diese Zeit können Sie für das persönliche Gespräch nutzen.

Alle Rezept- und Lebensmittellisten können Sie auch als Kombination mehrerer Erkrankungen bestellen. Mit der Datenbank können Sie außerdem für jedes Rezept die Nährstoffe und Spurenelemente angezeigt bekommen und Rezepte für Syndrome selbst mit vorgeschlagenen Zutaten entwickeln.

Weitere Informationen finden Sie auf http://www.ebns.at.
Josef Miligui, Tel.: +43 660 121 05 00